通胀真相

[美] 穆瑞·罗斯巴德◎著

（Murray Rothbard）

余晖 杨琳◎译

What Has
Government Done to
Our Money?

中国人民大学出版社
·北京·

译者前言

穆瑞·罗斯巴德（1926—1995 年）出生于纽约的一个犹太家庭，在哥伦比亚大学取得学士（1945 年）、硕士（1946 年）和博士（1956 年）学位，是奥地利经济学派的重要代表之一。罗斯巴德不仅是一位经济学家，还是历史学家、政治哲学家和文化评论家。他曾担任路德维希·冯·米塞斯研究所（Ludwig von Mises Institute）（1982 年成立）的教学事务副总裁，1985—1995 年任教于内华达大学拉斯维加斯分校。

本书外文版初次出版于 1963 年，是一本货币理论入门小册子。罗斯巴德着眼于货币发展史，从交换开始讨论。交换是人们经济生活的基础，自愿交换源于双方都希望获益。从交换中获益是指得到的价值高于付出的价值，交换能够实现是因为双方对所交换的商品价值认识的排序不同。随着交换从直接的物物交换发展到间接的以货币为媒介的交换，作为交换媒介的货币商品随着自由市场的发展逐步确定为金银，最初以重量单位为计量单位，而且第一批硬币是私人铸币。继而，罗斯巴德进一步论述了货币问题的其他方面，如货币供应量增加不会给社会带来福利，因此，没有必要为了改变货币供应量而干预市场。人为地稳定币值会严重扭曲和妨碍市场的运作。强制支撑价格水平将阻碍更高生活水平的广泛实现。通货膨胀是指货币替代品增加却没有金属货币存量增加的支持，对社会没有益处，只是以牺牲一部分人的利益为代价使另一部分人受益。通货膨胀是欺诈性地侵犯他人财产。对于货币而言，和人类的其他所有活动一样，"自由，是秩序的母亲，而不是秩序的女儿"。罗斯巴德接着探讨了西方政府对货币体系的各种干预形式及问题。最后，罗斯巴德分九个阶段介绍了西方货币体系的崩溃过程。

罗斯巴德逻辑严谨，论述雄辩，言简意赅，阐述了货币起源于自由市场的选择，并且认为自由市场可以像管理经济的其他部分一样，出色地管理货币体系，因而坚定地相信自由市场的力量。

最后，感谢中国人民大学出版社经济出版分社总编辑曹沁颖女士，正是因为她的联系，我们才有缘翻译罗斯巴德的大作，感受他的雄辩和坚定。

余　晖　杨　琳

目　录

第一章

导　言

很少有经济学主题像"货币"这样复杂、让人困惑、一言难尽。关于"紧缩货币政策"还是"宽松货币政策"的争论，以及美联储和财政部角色定位的讨论，还有不同版本的金本位制，众说纷纭，不一而足。政府应该向经济社会注入货币还是抽出货币？应该由哪个政府部门负责？政府应该鼓励信贷还是限制信贷？是否应该回到金本位制？如果那样，与黄金的兑换率应该是多少？这些和其他问题，数不胜数，层出不穷。

也许，关于货币问题的各种各样的观点源于人们"务实"的倾向，即只研究当前的政治经济问题。如果我们完全沉浸于日常事务，而不关心根本性差异，也不探讨真正的基本问题，很快，基本问题将被遗忘，坚守原则将变为漫无目的的随波逐流。在许多情况下，我们需要洞察力，避免陷于日常事务，以便更全面地了解问题。这一点在经济社会中尤其重要，由于经济社会中的相互关系错综复杂，因此我们必须分离出几个重要因素，分析并跟踪其在复杂世界的运行。这也是"鲁滨逊经济学"（Robinson economics）的观点，是古典经济学理论中最受欢迎的方法。分析荒岛上的鲁滨逊和星期五经常被评论家滥指为与当今世界无关，实际上却非常有用：突出了人类行为的基本原理。

在所有经济问题中，货币可能是最纠缠不清，也最需要判断力的。此外，货币是几个世纪以来政府干预最为严重的经济领域。许多人——许多经济学者，通常致力于研究自由市场，却止步于货币。他们强调：货币不同，货币必须由政府提供，并且需要政府监管。他们从不考虑国家控制货币等同于干预自由市场。对他们来说，货币自由市场是不可想象的。政府必须铸造硬币，发行纸币，定义"法定货币"（legal tender），创建中央银行，注入和抽出货币，"稳定价格水平"，等等。

从历史上看，货币是政府最先控制的事物之一，而18世纪和19世纪的自由市场"革命"对货币领域的改变却微乎其微。因此，是时候我们应该把基本注意力转向经济生活的血液——货币了。

首先让我们自问：货币是否能在自由原则下运行？能否有货币自由市场，就像其他商品和服务的自由市场一样？货币自由市场的形式是怎样的？各种政府控制的影响如何？如果我们支持其他方面的自由市场，如果我们希望消除政府对人身权和财产权的侵犯，我们最重要的任务就是探讨货币自由市场的方式和方法。

第二章

自由社会中的货币

交换的价值

货币是怎样产生的？显然，鲁滨逊不需要货币，不可能吃金币。无论是鲁滨逊还是星期五，都可能用鱼换木材，但都不会考虑货币。不过，当社会发展超出几个家庭，就到了需要货币的阶段。

要解释货币的作用，我们必须回溯：人们为什么需要交换？交换是人们经济生活的基础。如果没有交换，就没有真正的经济，实际上也没有真正的社会。毫无疑问，自愿交换（voluntary exchange）源于双方都希望获益。一次交换就是一项合约，是 A 与 B 之间，用一个人的商品或服务换取另一个人的商品或服务。显而易见，双方获益是指他得到的价值高于其付出的价值。比如，当鲁滨逊用一些鱼换取木材时，他认为他所"买入"的木材的价值高于他所"卖出"的鱼的价值。同时，星期五却相反，他认为鱼的价值高于木材的价值。从亚里士多德时代到马克思时代，人们错误地认为，交换是等价物之间的交换。如果一桶鱼可以换取十根圆木，那么两者隐含的价值是相等的。实际上，交换实现仅仅是因为双方对两件商品价值认识的排序不同。

为什么人们之间的交换如此普遍？从根本上说，是由于自然界的多样性，由于人与人不同，由于自然资源的地域分布不同。各人的天资和技能不同，各地也有自己的特色和资源。由于外部自然属性的差异而产生交换，人们用堪萨斯州的小麦交换明尼苏达州的钢铁，用医疗服务交换小提琴演奏。专业化分工让人们有可能发展其最擅长的技能，让每个地区有可能开发其最有特色的资源。如果没有交换，如果每个人都必须自给自足，显然，我们大多数人将饿死，其余的人也只能勉强存活。交换不仅是经济生活的血液，也是文明社会的血液。

以物易物

然而，商品或服务的直接交换（direct exchange）几乎不足以让经济生活在原始水平之上运行。这种直接交换，即所谓的以物易物（barter），并不比纯粹的自给自足好多少。为什么会这样？首先，在以物易物情况下很少有生产能持续进行。如果琼斯雇一些工人建造房屋，他能用什么付给工人作为报酬呢？用房屋的一部分，或者用剩余的建材？两个基本的问题是"不可分割性"和"缺乏需求偶合（lack of coincidence of wants）"。如果史密斯有一张犁，他如何能换回几样不同的东西，比如鸡蛋、面包和一套衣服？难道他可以把犁拆开，一部分给农夫，另一部分给裁缝？即使有些商品可以分割，通常也不太可能发生两人正好在同一时间需要对方的东西。假设 A 有鸡蛋要出售，B 有一双鞋，而如果 A 想要一套衣服，他们如何才能完成交换？再想象一下经济学老师的困境：他必须找到一个有鸡蛋的农夫，而这个农夫恰好想用自己的鸡蛋换取一些经济学课程！显然，在直接交换下，任何类型的经济文明都是不可能的。

间接交换

不过，在试错过程中，人们发现了能让经济大大扩展的途径——间接交换（indirect exchange）。在间接交换下，你销售某种商品不是为了直接换取你所需的商品，而是为了换取另一种商品，随后你能用它换到你所需的东西。乍一看这种方法笨拙而迂回，但这却是让文明得以发展的神奇工具。

前面的例子，A 想买 B 做的鞋子，而 B 不想要 A 的鸡蛋，A 发现 B 想要的是黄油。于是，A 就先用自己的鸡蛋换来 C 的黄油，然后把黄油卖给 B 换取鞋子。A 先买黄油并不是他自己直接需要黄油，而是因为那样做可以得到鞋子。同样，拥有犁的史密斯可以首先把犁换成一种便于分割又容易销售的商品，比如黄油，然后用部分黄油分别换回鸡蛋、面包和衣服等。在这两个例子中，黄油的优势是有强大的市场力（marketability），这也是除了单纯消费外，黄油还有额外需求的原因。如果一种商品比其他商品拥有更强的市场力，每个人都认为它更容易销售出去，那么它就有更大的需求，因为它能作为交换媒介（medium of exchange）。某位专业人士就可以通过这一媒介，用他拥有的商品换取另一专业人士拥有的商品。

正是由于本质上技能和资源的多样性，因此存在各种各样商品的市场力。有些商品的需求更加广泛，有些商品更适合被分割成更小的单位而不损失价值，有些商品可以使用更长的时间，有些商品便于长途运输。所有这些优势都有助于提高市场力。很明显，在每个社会中，最具市场力的商品都会逐渐被选出作为交换媒介。由于它们被越来越多的人选为交换媒介，所以人们对它们的需求增加，于是它们更加具有市场力。结果是加强螺旋，更强的市场力使其更广泛地作为交换媒介，进一步增强其市场力。最终，在几乎所有的交易中，一两种商品成为通用交换媒介，而这种通用交换媒介被称为货币。

历史上，许多不同的商品曾用作交换媒介——殖民时期弗吉尼亚的烟草、西印度群岛的糖、阿比西尼亚*的盐、古希腊的牛、苏格兰的钉子、古埃及的铜币，还有谷物、串珠、茶叶、贝壳、鱼钩等。经过几个世纪的演变，两种商品——金和银，取代了其他商品，在市场的自由竞争中成为货币。金和银都有独特的市场力，作为装饰品有很大的需求，并且在其他必要的品质方面表现出色。近代，相对于金，银的需求更为巨大，大量用于小额交易，而金更多地用于大额交易。无论如何，重要的是，自由市场发现金和银是最有效的货币。

交换媒介在自由市场上的逐步发展过程，是确立货币的唯一途径。货币不能通过其他任何方式产生，不能由某人突然决定用无用的材料创造货币（create money），也不能由政府指定几张纸作为"货币"。由于在对货币的需求中隐含着人们对此前货币价格的认识，与消费者直接使用的或生产者生产的商品不同，货币必须有预先存在的价格来

---

　　* 阿比西尼亚原为古希腊对埃及以南地区的通称。13—16 世纪，阿姆哈拉人建立新兴国家——阿比西尼亚王国，即今埃塞俄比亚地区。——译者注

支撑需求。但是，实现这一点的唯一方法是从有用商品的以物易物开始，然后在直接使用商品的需求基础上（例如，黄金首先作为装饰品），加上作为交换媒介的需求。[①] 因此，政府没有权力为经济社会创造货币，货币只能通过自由市场发展而来。

我们的讨论现在揭示了关于货币的重要真相：货币是一种商品。了解这一简单道理是世界最重要的课题之一。人们常常把货币说得和一般商品不一样，货币不是可以和具体商品分离的抽象的记账单位，不是仅仅作为交换媒介而自身毫无用处的代币（token），不是"社会地位的宣示"，也不是固定价格水平的保证，它只是一种商品。货币不同于其他商品的是，其主要需求是作为交换媒介。除此之外，它就是一种商品，像其他所有商品一样，它具备现有库存，人们对它的需求是购买和持有它。和其他所有商品一样，货币的价格取决于总供给或库存与人们购买和持有的总需

---

① 关于货币的起源，详见：Carl Menger, *Principles of Economics* (Glencoe, Ill. : Free Press, 1950), pp. 257 - 271; Ludwig von Mises, *The Theory of Money and Credit*, 3rd ed. (New Haven, Conn. : Yale University Press, 1951), pp. 97 - 123。

求的交互作用。（人们通过销售商品、提供服务来"购买"货币，而当他们购买商品或服务时则"出售"货币。）

货币的益处

货币的出现给人类带来了极大的益处。如果没有货币，没有通用交换媒介，就不会有真正的专业化（specialization），不会有超越贫瘠、超越原始水平的经济发展。有了货币，困扰以物易物的"不可分割性"和"缺乏需求偶合"问题均不复存在。现在，琼斯可以支付"货币"给工人，史密斯可以用他的犁换回一些"货币"。这一货币商品（money-commodity）可以被分割成更小的单位，而且通常被所有人接受。于是人们销售商品、提供服务都换回货币，然后用货币去购买他们需要的其他商品或服务。由于有了货币，才有可能形成复杂的生产结构（structure of production），加上土地、劳动力和资本在各个阶段通力合作，促进生产并赚回货币。

货币体系的建立还带来了另一巨大益处。由于所有交换都通过货币完成，所有交换比率（exchange-ratios）都用货币表示，于是人们可以比较所有不同商品的市场价值。如果一台电视机可以换 3 盎司黄金，一辆汽车可以换 60 盎司黄金，那么所有人都知道，一辆汽车的市场价值等同于 20 台电视机。这些交换比率就是价格（price），而货币商品就是所有价格的公分母。正是市场上货币价格（money-price）的建立，才使经济文明得以发展，因为这可以让商人从经济的角度进行计算。通过比较所生产产品的销售价格与实现生产所必须支付的生产要素价格（成本），商人可以判断他们满足消费者需求的状况。因为所有价格都是用货币表示的，所以商人可以准确算出他们是盈利还是亏损。这类计算指导商人、劳动者和土地所有者在市场上赚取货币收入。只有这种计算，能够最有效地配置资源，最大限度地满足消费者的需求。

许多教科书指出，货币有好几种功能：交换媒介、记账单位（unit of account）、价值尺度（measure of value）、价值储存（store of value）等。但是，我们应该清楚，所有这些功能都只是"交换媒介"这一伟大功能的必然结果。

因为黄金是通用交换媒介，有着最强的市场力，所以可以储存起来作为未来的交换媒介，就像现在可以作为交换媒介一样，而且所有东西的价格都可以用黄金表示。[1] 由于黄金是所有交换的商品媒介，因此能作为目前和可预见的未来价格的记账单位。重要的是应该认识到，货币不能作为记账或债权的抽象单位，除非作为交换媒介。

货币单位

在了解了货币的起源、作用后，我们可能要问：如何使用货币商品？具体来说，社会上的货币存量、货币供应是怎样的，以及货币如何交换？

起初，大多数有形商品以重量为单位进行交易。重量是有形商品的独特单位，因此交易采用的计量单位有吨、磅、盎司、克等。[2] 黄金也不例外。黄金，同其他商品一

---

[1] 货币并不"衡量"价格或价值，而是表示价格或价值时所用的公分母。简单地说，价格用货币表示，而不是用货币衡量。

[2] 即使是那些名义上以数量为单位进行交易的商品，如包、蒲式耳等，也会设定每个数量单位的标准重量。

样，也是以重量单位来交易的。[①]

　　显然，在交易中选择共同使用的单位是大还是小，对经济学家来说并没有区别。使用公制的国家，可能偏好用克来计量；而英国或美国，则更多地用盎司来计量。所有的重量单位都可以互相换算，1磅等于16盎司，1盎司等于28.35克，等等。

　　如果人们选择黄金作为货币，那么用于计算的黄金单位的大小对我们来说无关紧要。琼斯售出一件外套，在美国得到1盎司黄金，在法国得到28.35克黄金，两个价格是完全相同的。

　　这一切看起来似乎过于唠叨，但是如果人们充分了解这些简单事实，就可以避免世界上大量惨剧发生。例如，几乎每个人都认为货币是抽象的单位，这些货币单位分别属于各自的国家。即使在各国实行金本位制时，人们也是这样认为的。美国的货币是美元，法国的是法郎，等等。所有这些货币都不可否认地与黄金绑定，但都被认为是有

_____

　　① 黄金作为货币的基本优点之一是同质性，与许多其他商品不同，黄金在品质上没有差别，世界上任何一盎司纯金的价值都是相等的。

主权和独立的，因此这些国家很容易"脱离金本位制"，尽管所有这些货币名称都是以金或银的重量单位命名的。

英国的英镑（pound sterling）起初表示一磅重的银。那么美元（dollar）呢？一美元最初是一盎司银币的通称，由 16 世纪时波希米亚的施利克（Schlick）伯爵所铸造。施利克伯爵住在约阿希姆河谷或约阿希姆斯塔尔。这种银币因质量稳定和金属纯度而赢得了巨大的声誉，被大家称为"约阿希姆的泰勒"，后来就叫"泰勒"（thaler）。dollar 这个单词就是由 thaler 这个单词变化而来。

在自由市场上，货币单位的各种名称只是对重量单位的定义。1933 年前处于金本位制时，人们所说的"金价"是"固定于每盎司黄金 20 美元"。但这是一种危险且错误地看待货币的方式。实际上，美元的定义是近似于 1/20 盎司黄金。因此，谈论一国货币兑换另一国货币的"汇率"（exchange rates）会造成误导。1 英镑并不真正地"兑换"为 5 美元。① 美元定义为 1/20 盎司黄金，同时，英镑的定义是

---

① 事实上，1 英镑可兑换 4.87 美元，但为方便计算，我们使用较大的 5 美元换算。

1/4 盎司黄金，也就是 5/20 盎司黄金。显然，这些兑换率，这一大堆杂乱的货币名称，使人感到困惑且易引起误导。这些将在"政府干预货币"一章具体介绍。在纯粹的自由市场上，黄金只是以克、盎司等为单位直接交换，而那些令人困惑的货币名称，诸如美元、法郎等，则是多余的。因此，在这一部分，我们谈论货币时，是以盎司或克为单位直接交换。

很明显，自由市场会选择任何规模的货币商品作为最方便的通用单位。如果使用白金（platinum）作为货币，很可能用 1 盎司的一小部分进行交易；如果使用铁作为货币，则可能用磅或吨作为单位计算。对于经济学家来说，用什么单位并不是问题。

货币的形状

如果货币单位的大小或名称对经济学家影响不大，那么货币金属的形状也一样对经济学家影响不大。既然以商品作为货币，只要能被人们取得，则所有金属的存量都构成全世界货币的存量。任何金属在任何时间无论呈现什么形状，都没有实质性差异。如果以铁作为货币，那么所有的铁都是货币，无论它是条状的，还是块状的，或是存在于专业机械中。① 黄金一直以原始的金砖形状作为货币进行交易，但无论是放在袋子中的金粉，还是制成珠宝的黄金，都可以作为货币进行交易。不足为奇的是，黄金或其他货币能够以多种形状进行交易，因为它们的重要特性是重量。

确实有些形状更加方便使用。近几个世纪，金和银被分别制成小的硬币和大的条状，硬币用于小额的日常交易，条状用于大额交易。一些黄金则转变为珠宝和其他装饰品。改变金银的形状，都要耗费时间、精力和其他资源。这一工作就像其他生意一样，服务的价格将按通常的方式确定。大多数人能接受珠宝商用黄金制作装饰品是合法的，但是却常常否认用金银制造硬币的合法性。是的，在自由市场上，铸币本质上就是一宗生意，和其他商业行为一样。

在金本位制时代，许多人认为硬币比纯粹的、未经铸造的金条块（bullion）（金条、金锭或其他形状）更像"真

---

① 在亚洲和非洲，铁锄头曾被广泛用作货币。

正的"货币。确实，硬币比金条块有更高的附加值，不是因为硬币有什么神秘特质，而是因为用金条块制作硬币的成本高于将硬币重新熔成金条块。由于这一差异，硬币在市场上价值更高。

私人铸币

私人铸币这一想法，在今天看来似乎很不寻常，需要审慎研究。我们习惯于认为铸币是"保证主权所必需的"，然而，我们不应拘泥于"特权"。

私人铸币怎样运作呢？我们已经说过，就和其他生意一样。每个铸币商都会按客户喜欢的大小和形状制造硬币。价格则由市场的自由竞争决定。

典型的反对意见是，每次交易都要对每枚金币称重和验纯将太过麻烦。但是，有什么能阻止私人铸币商保证硬币的重量和纯度吗？私人铸币商可以保证所制硬币至少像政府铸币一样好。金属刮擦一小点将无法成为合格的硬币。人们更愿意使用那些以产品质量好而闻名的铸币商的硬币。美元作为有竞争力的银币占据突出地位，就是我们已经看到的最好例证。

　　反对私人铸币的人，指责这将造成欺诈猖獗。可是，同样是这些人，却信任政府铸币。如果政府完全值得信赖，那么至少应该相信政府能够防止或惩罚私人铸币的欺诈。人们通常假设，预防和惩罚欺诈、偷盗等犯罪行为，恰恰是政府存在的真正理由。但是，如果社会依赖私人铸币而政府却无力逮捕罪犯，那么，当私人市场经营者的诚信被抛弃，转而支持政府垄断铸币时，可靠的铸币还有什么希望呢？如果人们不相信政府可以找出铸币自由市场中偶尔出现的恶棍，那么，当政府完全控制货币市场，并且可以使货币贬值、伪造货币，或者在充分的法律制裁下充当唯一的恶棍时，人们又如何能信任政府？认为政府必须使所有财产公有化，以防止任何人偷窃，显然是无稽之谈。然而，废止私人铸币背后的逻辑就是这样的。

　　此外，所有现代商业都建立在对标准的保证之上。药店卖一瓶8盎司的药，肉类包装商出售1磅的牛肉，消费者期望这些保证是准确无误的，事实也是如此。试想，成千上万专业化的重要的工业产品，必须满足非常精确的标准和规范。购买 1/2 英寸螺栓的人，必须得到 1/2 英寸的螺栓，而不能是 3/8 英寸的螺栓。

是的，商业并没有崩溃。很少有人要求政府必须将机床工业国有化，以防标准受到舞弊影响。现代市场经济包含无数的复杂交易，其中大多数依赖于数量和质量的明确标准。但欺诈是最低限度的，而这至少在理论上是可以起诉的。因此，如果有私人铸币，情况也是如此。我们可以肯定，铸币商的客户和竞争者对硬币重量或成色方面任何可能的欺诈，都会保持敏锐的警觉性。①

赞成政府垄断铸币的人声称，货币不同于其他所有商品，因为"格雷欣法则"（Gresham's Law）证实在流通过程中"劣币驱逐良币"（bad money drives out good）。因此，不相信自由市场可以向公众提供良币。但这一提法是对格雷欣法则的误读。其实，格雷欣法则阐述的是"政府人为高估其价值的货币，在流通过程中将驱逐其价值被人为低

---

① 详见 Herbert Spencer, *Social Statics* （New York: D. Appleton, 1890）, p. 438。

估的货币"。例如，假设流通中的 1 盎司金币，经过几年的磨损只有 0.9 盎司重。显然，如果在自由市场上磨损了的硬币以完整硬币九成的价值流通，其以前的名义面值将不被接受。[①] 如果有什么区别的话，"损坏"了的硬币将被赶出市场。但是，假设政府明令每个人必须将磨损了的硬币视同新币，并且必须平等地接受其作为债务偿还工具。政府到底做了些什么呢？通过强制规定两种硬币之间的"兑换率"（exchange rate），政府实行了价格控制。当磨损了的硬币应该折价 10％兑换时，政府却坚持要求按面值兑换，这人为地高估了磨损了的硬币，同时低估了新币。于是，每个人都使用磨损了的硬币，而储藏或出口新币。"劣币驱逐良币"不是产生于自由市场，而是政府干预市场的直接后果。

尽管政府的不断干扰使环境变得高度不稳定，私人铸币仍然在历史上多次流通。正如所有创新都来自自由个人而非国家的虚拟法律一样，第一批硬币是由私人个体和金

---

① 针对磨损的问题，私人铸币可能设定一个保证重量的时间限制，或者同意重铸新币，也许以原始重量，也许以较低的重量。我们可以注意到，在自由经济中，硬币没有强制的标准化，这远胜于政府垄断直接铸币。

匠铸造的。事实上，当政府开始垄断铸币时，皇家硬币还有着私人银行家的担保，貌似当时私人银行家的公共信誉远胜于政府。私人铸造的金币直到 1848 年还在加利福尼亚州流通。[①]

"适度"的货币供应量

人们可能要问：社会上的货币供应量是多少？这些货币供应量是如何被使用的？我们尤其会提出那个长期困扰人的问题：我们到底"需要"多少货币？货币供给必须由某些"准则"来约束，还是完全可以交由自由市场去调节？

首先，在任何时刻，社会上的货币总存量或供应量，

---

① 有关私人铸币的历史实例，详见 B. W. Barnard, "The Use of Private Tokens for Money in the United States," *Quarterly Journal of Economics* (1916 - 17)：617 - 626；Charles A. Conant, *The Principles of Money and Banking* (New York：Harper Bros. , 1905), vol. I, pp. 127 - 132；Lysander Spooner, *A Letter to Grover Cleveland* (Boston：B. R. Tucker, 1886), p. 79；J. Laurence Laughlin, *A New Exposition of Money , Credit and Prices* (Chicago：University of Chicago Press，1931), vol. I, pp. 47 - 51。关于铸币，可见 Mises, *Theory of Money and Credit* , pp. 65 - 67；Edwin Cannan, *Money*, 8th ed. (London：Staples Press, 1935), pp. 33ff。

都等于现有货币总量。假设开始时，自由市场上只有一种商品作为货币。我们进一步假设，这一作为货币的商品是黄金（当然，也可能选择白银作为货币，甚或是铁。决定用作货币的最佳商品，取决于市场，而不是我们）。既然黄金是货币，那么货币供应量就是社会存在的黄金总重量。黄金的形状无关紧要，除非以某些方式改变形状的成本比其他方式高（例如铸币成本高于熔化成本）。那样，市场将选定其中一种形状的黄金作为记账货币，其他形状的黄金则根据其在市场上的相对成本进行溢价或折价。

黄金总存量变化的原因，和其他商品变化的原因相同。存量增加源于黄金产量提高；存量减少则是由于磨损或工业消耗等。由于市场选择耐用商品作为货币，又因为货币只是作为交换媒介，其消耗速度和其他商品不同，每年新增产量占总存量的比重往往很小，因此，黄金总存量的变化通常很慢。

货币供应量"应该"是多少呢？各种标准纷纷出炉：货币量变动应该与人口、贸易量、商品产量一致，以保持"价格水平"稳定，等等。很少有人建议将决定权留给市场。但货币与其他商品的差异在于一个基本事实，把握这种差异是理解货币问题的关键。任何其他商品的供应量增加都会带来社会效益，这是一件值得大家高兴的事。更多的消费品意味着大众生活水平提高，更多的资本品（capital goods）意味着未来生活水平的持续提高。新的肥沃土地或自然资源的发现，是当前和未来生活水平提升的保证。货币呢？增加货币供应量会给公众带来更大收益吗？

消费品被消费者用掉，资本品和自然资源在生产消费品的过程中被用掉，但是，货币本身不会被消耗完，而是作为交换媒介，使商品和服务更便捷地从一个人转移到另一个人。这些交易都是根据货币价格完成的。因此，如果一台电视机可以兑换 3 盎司黄金，我们就说一台电视机的"价格"是 3 盎司黄金。在任何时候，经济社会中的所有商品都以一定的黄金比率或价格进行交换。如前所述，货币或黄金是所有价格的公分母。但是，货币本身是什么呢？它有"价格"吗？既然价格就是交换比率，显然，货币是有价格的。然而，这时"货币的价格"是市场上所有不同商品的无数个交换比率的数组（array）。

　　假设一台电视机价值 3 盎司黄金，一辆汽车价值 60 盎司黄金，一条面包价值 1/100 盎司黄金，琼斯先生的 1 小时法律服务需要 1 盎司黄金，那么，"货币的价格"就是备选交换的一个数组。1 盎司黄金"值"1/3 台电视机、1/60 辆汽车、100 条面包或者 1 小时琼斯先生的法律服务，这个数组还可以这样继续罗列下去。可见，货币的价格就是货币单位的"购买力"，如这个例子中的 1 盎司黄金，就是说 1 盎司黄金可以买到什么。就像一台电视机的货币价格告诉我们，一台电视机可以交换多少货币。

　　什么决定货币的价格？决定市场上所有价格的力量，是一条古老而永恒的定律——"供给和需求"。我们知道，如果鸡蛋的供给增加，价格将下降；如果购买鸡蛋的需求增长，价格则将提升。货币的价格也一样。货币供给量增加，将会压低其"价格"；货币需求量增加，将会提升其价格。但是，什么是对货币的需求？在鸡蛋这个例子中，我们知道"需求"意味着什么，是消费者愿意花在鸡蛋上的钱，加上供应商保留的还未出售的鸡蛋。同样，在货币的例子中，对货币的"需求"是需要交换货币的各种货物，加上在一定时间内未使用的现金。在两个例子中，"供给"都是指市场上特定商品的总存量。

如果黄金供应量增加，而对货币的需求却保持不变，会发生什么？货币的价格将下降，即单位货币的购买力将下降，1 盎司黄金的价值将低于 100 条面包、1/3 台电视机等。相反，如果黄金供应量下降，1 盎司黄金的购买力则上升。

货币供应量的变化会带来什么影响？借用大卫·休谟（David Hume）（第一批经济学家之一）的例子，我们会自问，如果有个仙女偷偷溜进口袋、钱包和银行金库，并且使货币供应量增加一倍，那么会发生什么？在我们的例子中，她神奇地使黄金供应量增加了一倍，但我们会比过去富有一倍吗？显然不会。使我们富足的是大量的货物，相应的限制是资源的稀缺性，即土地、劳动力和资本。货币增加并不会使这些资源增加。我们可能感觉比过去富有了一倍，但我们所做的一切却是在稀释货币供给。当公众兴高采烈地花费新发现的财富时，价格也会简单粗暴地上涨一倍，或者至少上涨到需求被满足，且货币不再对现有的商品进行竞价为止。

因此，我们看到，虽然货币供应量的增加，就像任何商品供应量的增长一样，会降低其价格，但是和其他商品不一样的是，这一改变不会给社会带来福利。普遍来说，公众并没有变得更富有，尽管新的消费品或资本品提高了生活水平，但新增的货币只会提高价格，即稀释其自身的购买力。造成这一令人费解问题的原因是，货币的价值只在于其交换价值，货币唯一的用途是促进交易，其效用在于交换价值或购买力，而其他商品有各种各样的"真实"用途，因此其他商品的供应量增加可以满足更多消费者的需求。总之，货币供应量增加不会给社会带来福利，这一法则源于货币作为交换媒介的独特用途。

货币供应量的增加只会稀释每盎司黄金的效能，货币供应量的减少则能提升每盎司黄金的效能。我们得到了惊人的真相：货币供应量无关紧要。货币供应量无论多少都一样。自由市场将通过改变货币购买力或每盎司黄金的效能进行简单调整。没有必要为了改变货币供应量而干预市场。

针对这一观点，货币政策的规划者可能会反对："好吧，如果说增加货币供应量是毫无意义的，那么开采金矿岂不是浪费资源？政府难道不应该保持货币供应量稳定，并禁止新的采矿活动吗？"这些言论看似有理，特别是对政府干预不持原则性反对意见的人来说，但是不能说服坚定的自由倡导者。反对意见忽视了一个重要事实：黄金不仅是货币，而且不可避免地是一种商品。黄金供应量的增加，可能不会带来任何货币利益，但的确能带来一些非货币利益，比如，它实际上增加了用于消费（装饰品、牙科治疗，诸如此类）和生产（工业性作业）的黄金供应量。所以，黄金开采完全不是对社会资源的浪费。

因此，我们得出的结论是，货币供应量最好让自由市场决定，就像其他所有商品一样。相较于权威，自由市场除了具备一般的道德和经济优势外，将根据其满足消费者需求的相对能力来决定黄金的生产，不去规定货币数量可以使交易更有效地运行，就像其他所有生产性商品一样。①

---

　　①　开采金矿并不比其他任何商业行为利润率更高，从长期来看，其回报率将等于其他任何行业的净回报率。

"囤积"问题

对货币自由的批评不会轻易消失,特别是自古就有的"囤积"(hoarding)问题。这让人联想到自私自利的老守财奴,也许出于不理智,也许出于邪恶动机,把不用的金子藏在地窖里或宝库中,使其停止参加流通和贸易,导致萧条和其他问题。囤积真的会构成威胁吗?

首先,守财奴"囤积"金子只会引起货币需求增加。结果是,商品价格下降,每盎司黄金的购买力提升。社会整体并不会损失什么,只会继续减少黄金的活跃供给,同时每盎司黄金的购买力将更"强大"。

即使从最坏的角度来看,也没有什么变得更糟糕,货币自由不会造成任何困境。但问题不止于此,人们渴望在现金余额(cash balance)中保有或多或少的货币,这绝非不理性。

现在,让我们进一步研究现金余额。为什么人们一定要保有现金余额?如果我们大家都能够非常肯定地预测未来，那么，就没有人需要手头保有现金余额。每个人都清楚地知道在未来所有的日子他要花多少钱，也知道他将有多少收入，那么他将不需要保有货币，而可以把它借出去，只要保证他在需要付款的当天恰好能收回所需的金额即可。但是，显然，我们生活在充满不确定性的社会，人们不能准确地知道将有什么会发生在他们身上，也不知道他们未来的支出或收入将是多少。对未来越感觉不确定和恐惧，他们就越希望手头上保有更多的现金余额；相反，越感觉安全，就越希望保有更少的现金余额。保有现金的另一个原因是充满不确定性的现实世界。如果人们预期近期货币的价格将降低，他们就会在货币更值钱的当下使用，于是"减少对货币的贮藏"，降低对货币的需求。相反，如果人们预期货币的价格将上升，他们则将等到货币更值钱时再消费，人们对现金的需求就提升。因此，人们对现金余额的需求忽高忽低是有充分理由的。

如果经济学家在货币不处于持续、活跃的"流通"中时认为出现了问题，那么他们就错了。诚然，货币只用于交换价值，但它不只在实际交换时有用，这一事实通常被忽视。当货币在某人的现金余额中"闲置"时同样有用，即使是被守财奴"囤积"也同样有用。[①] 因为这笔钱现在被持有，以等待用于未来可能的交换——现在就向货币所有者提供允许交换的有用性，交换可以按照货币所有者的需要随时（当下或未来）进行。

应该记住，所有黄金均必须被某人拥有。因此，所有黄金一定在人们的现金余额中。假设社会上有 3 000 吨黄金，那么，所有 3 000 吨黄金在任何时候都被某人在其现金余额中拥有并持有。现金余额的总和永远与社会上的货币供应量相同。由此可见，具有讽刺意味的是，如果不是因为现实世界的不确定性，根本不可能有货币体系。在确定的世界，没有人愿意持有现金。因此，社会对货币的需求将会无限下降，价格会无限飙升，任何货币体系都将崩溃。现金余额的存在不再是一个令人讨厌和麻烦的问题，干预货币兑换对任何货币经济而言都是绝对必要的。

此外，说货币"流通"是一种误导。就像所有物理学

---

① 什么时候一个人的现金余额会变成声名狼藉的"囤积"，一位谨慎的绅士会被称为守财奴？不可能规定任何明确的标准，通常，对"囤积"的指责意味着 A 保有的现金超出 B 认为 A 适合保有的金额。

的隐喻一样，这意味着某种独立于人类意志的机械过程，以一定的流速或速度移动。事实上，货币不是"流通"，而是不时地从一个人的现金余额转移到另一个人的现金余额。再强调一次，货币的存在取决于人们持有现金余额的意愿。

在本节的开头我们了解到，"囤积"不会给社会带来任何损失。现在，我们将看到，由货币需求变化引起的货币价格波动会产生积极的社会效益——就像商品和服务供给增加所带来的积极影响一样。我们已经了解到，社会上的总现金余额等于货币供应量。假设货币供应量保持恒定，比如说3 000吨，我们再假设，无论出于何种原因，也许是因为日益增长的忧虑，人们对现金余额的需求增加，显然，满足这一需求对社会是有益的。但是，当总现金余额必须保持不变时，如何满足上述需求？简单地说，随着人们对现金余额的重视程度越来越高，对货币的需求增加，商品价格下降。于是，相同的总现金余额现在被赋予更高的"实际"余额，也就是说，与商品价格相比，与货币过去发挥的作用相比，它现在的作用更大。总之，公众的有效现金余额增加了。相反，现金余额需求的下降将导致货币支出增加和商品价格上涨。公众对较低有效现金余额的渴望，将通过让所有现金发挥更大的作用来满足。

因此，源于供给变化的货币价格变化，仅仅改变单位货币的有效性，不会带来任何社会效益，但是由现金余额需求变化导致的货币价格下降或上升，的确能带来社会效益——因为它满足了公众对现金余额在现金作用中所占比例更高或更低的愿望。另外，货币供应量的增加将阻碍公众对更有效的现金余额的需求（对于购买力来说更加有效）。

如果被问及，人们几乎总是如是回答：他们想要尽可能多的货币！但是，他们真正想要的不是更多的货币单位——更多盎司黄金或美元——而是更有效能的货币单位，即能买到更多商品和服务的货币。我们已经了解到，社会不能通过增加货币供应量来满足拥有更多货币的需求，因为增加供应量只会稀释每盎司黄金的效能，而且货币并不会真正比以前更充足。人们的生活水平（除了黄金的非货币用途）不会因开采出更多黄金而提高。如果人们希望其现金余额中的货币单位更有效能，只能通过降低商品或服务的价格，提高每单位货币的效能。

稳定价格水平？

有些经济理论家质疑：自由的货币制度是不明智的，因为不能"稳定价格水平"（比如单位货币的价格）。他们指出，货币应该是固定不变的标尺，因此其价值或购买力应该是稳定的。由于在自由市场上货币的价格肯定会波动，因此，政府管理必须取代自由市场，以保证稳定。[①] 稳定将提供公平，例如，借贷双方才能有把握确保归还的美元或黄金与借出时保持相同的购买力。

然而，如果借贷双方希望在未来购买力变化问题上避免损失，在自由市场上他们很容易就能做到。当他们签订合同时，可以规定：还款金额将按照商定的货币价值变化

---

① 此时，政府如何处理这一问题并不重要。基本上，这将涉及在政府管制下改变货币供应量。

指数调整。主张货币价格应该稳定的人，长期以来一直拥护采取此类措施；但是很奇怪，这些最可能从币值稳定中获益的债权人和债务人，却很少采用这个方法。他们已经自主地拒绝了这些"利益"，难道政府应该把这些"利益"强加给他们吗？显然，在不确定的世界里，商人宁愿在他们预测市场状况的能力上冒险。毕竟，货币的价格与市场上其他自由决定的价格并无二致，那些商品、服务的价格可以因应个体需求变化而改变，货币的价格为什么不能变动呢？

事实上，人为地稳定币值会严重地扭曲和妨碍市场的运作。正如我们所指出的，人们改变现金余额实际比例的愿望不可避免地会受挫，因为没有机会按价格比率改变现金余额。此外，生活的改善是资本投资的成果。生产能力的提高将降低价格（和成本），从而将自由企业的收益分配给大众，提高所有消费者的生活水平。强制支撑价格水平，将阻碍更高生活水平的广泛实现。

总之，货币不是"固定不变的标尺"，而是作为交换媒介的商品，其随消费者需求而变化的价格弹性和市场上其他商品的自由定价一样重要且有益。

多种货币共存

到目前为止，我们已经看到在纯粹自由经济中货币的如下图景：黄金或白银成为交换媒介；金币由具有竞争力的私人厂商铸造，并且按重量流通；市场上价格随着消费者需求和生产资源供应的变动而自由波动。价格自由必然意味着单位货币购买力的自由变动，用强力去干预币值变动而不同时削弱所有商品价格的自由是不可能的。自由经济并不是混乱无序的，相反，它能敏捷而有效地满足消费者需求。货币市场也可以是自由市场。

至此，为了简化问题，我们假设只有一种金属货币，如黄金。现在假设有两种或更多种货币持续在世界市场上流通，比如黄金和白银。可能黄金是一个区域的货币，而白银是另一个区域的货币；也可能黄金和白银同时流通。例如，市场上一盎司黄金比一盎司白银要值钱，黄金可用于更大的交易，而白银则用于较小的交易。难道两种货币不会引起难以置信的混乱吗？难道政府不应该介入并强制实行两者间的固定兑换率（"金银复本位制"，bimetallism），或者以某种方式废止两者之一（强制实行"单本位制"，single standard）吗？

市场自由发展，很有可能最终会建立起单一金属货币体系。但是，近几个世纪以来，白银顽强地保留下来，挑战黄金的地位。政府并没有必要介入，将市场从愚蠢的两种货币并存状态中解救出来。白银因为其方便性仍然在流通中使用（例如，方便小额交易）。白银和黄金能够轻松自如地同时在市场上流通，过去就是这样。这两种金属的相对供给和需求，将决定两者间的兑换率，这个比率就像任何其他价格一样，因应供需力量的变化而不断波动。比如，有时白银与黄金的兑换率是16盎司：1盎司，有时是15盎司：1盎司，等等。哪种金属作为记账单位取决于市场的具体情况。如果黄金是记账本位币，那么大多数交易将以黄金盎司计算，而白银盎司则将以自由浮动的价格兑换为黄金盎司。

应该清楚的是，两种金属单位的兑换率和购买力通常是成比例的。如果以白银计价的商品价格是以黄金计价的商品价格的 15 倍，那么两者的兑换率将趋于 15∶1，否则人们将把一种金属换为另一种金属再进行支付，直至达到平价。因此，如果以白银计价的商品价格是以黄金计价的商品价格的 15 倍，而同时白银与黄金的兑换率却是 20∶1，那么，人们将冲去出售商品换回黄金，然后用黄金兑换白银，再用白银买回商品，通过这个过程获得可观的收益。这样将迅速恢复兑换率的"购买力平价"（purchasing power parity），相对于白银，黄金变得更便宜了，商品的白银价格将上涨，而商品的黄金价格则将下跌。

简言之，自由市场非常有序，不只在货币不受限制的时候如此，即使在有不止一种货币同时流通时也是如此。

自由货币体系将提供何种"标准"？重要的是，这个标准不是由政府法令强加的。如果让市场自由决定，可能确立黄金为单一货币（"金本位制"，gold standard），也可能将白银作为唯一货币（"银本位制"，silver standard），也许最有可能的是两者同时作为货币，并且两者之间有自由波动的兑换率（"平行本位制"，parallel standards)[1]。

货币仓储

现在假设自由市场已经确定黄金作为货币（为了简单起见，再次忽略白银）。虽然将黄金制成硬币形状很方便使用，但是仍显得笨重，不便携带和直接使用。对于较大的交易，运输几百磅黄金既麻烦又成本高昂。而随时准备满足社会需求的自由市场出手相救。首先，黄金必须储存在某处，正如专业化在其他业务领域最有效率一样，它在仓储业务中也将最有效率。那么，某些公司将在市场上成功地提供仓储服务，其中有些将成为黄金仓储公司，并为无

---

[1] 有关平行本位制的历史案例，详见 W. Stanley Jevons, *Money and the Mechanism of Exchange* (London: Kegan Paul, 1905), pp. 88 – 96；Robert S. Lopez, "Back to Gold, 1252," *Economic History Review* (December 1956): 224。黄金铸币几乎同时传入现代欧洲的热那亚和佛罗伦萨。佛罗伦萨设立了金银复本位制，而"热那亚正好相反，遵循尽可能限制国家干预的原则，没有试图在不同金属硬币之间建立固定的比率"（出处同前）。关于平行本位制理论，详见 Mises, *Theory of Money and Credit*, pp. 179f。关于美国黄金检定办公室（the U. S. Assay Office）的一位官员建议美国采用平行本位制，详见 I. W. Sylvester, *Bullion Certificates as Currency* (New York, 1882)。

数黄金所有者提供储存黄金的服务。与所有仓库一样，所有者存入货物换回仓单（warehouse receipt），对所储存货物的权利通过仓单确立。仓单使货主有权在他想要的任何时候索取货物。货币仓库与其他任何仓库一样，通过提供储存服务收取费用，赚取利润。

人们有充分的理由相信，黄金仓库或货币仓库将像其他仓库一样在自由市场上蓬勃发展。事实上，仓储在货币方面发挥着更为重要的作用。因为其他所有商品进入消费阶段都必须离开仓库，然后在生产或消费中被消耗掉。但是，正如我们所了解的，货币主要不是在物理意义上"被消耗掉"，而是用于换取其他商品，或等待未来类似的交易。总之，货币并不是"被消耗掉"，而只是从一个人手上转移到另一个人手上。

在这种情形下，为方便起见，交换仓单不可避免地取代转移实物黄金本身。假设史密斯和琼斯两人都把他们的黄金存在同一间仓库，琼斯销售给史密斯一辆汽车，价值100盎司黄金。他们可以经历一个代价高昂的过程：史密斯兑现他的仓单，然后把黄金搬运到琼斯的办公室，琼斯再转过来将黄金存回到仓库。但是，毫无疑问，他们会选择一条更方便的路线：史密斯只需给琼斯一张 100 盎司黄金的仓单。

通过这种方式，货币仓单越来越多地起到货币替代品的作用。移动实物黄金的交易越来越少；在越来越多的情况下，取而代之的是使用黄金的所有权证书。随着市场的发展，这一替代过程的发展将受到三个限制。第一，人们使用这些货币仓库（也称银行）而不使用现金的程度（即整个银行系统的客户范围）。显然，如果琼斯出于某种原因不喜欢使用银行服务，史密斯将不得不运送实物黄金。第二，每家银行的客户范围。换句话说，不同银行的客户之间发生的交易越多，需要运送的黄金就越多；同一家银行的客户进行的交易越多，运送黄金的需求就越少。如果琼斯和史密斯是不同货币仓库（银行）的客户，史密斯的银行（或史密斯本人）将不得不将黄金运到琼斯的银行。第三，客户对银行的信心。例如，如果他们突然发现银行工作人员有犯罪记录，银行很可能会在短时间内失去业务。在这方面，所有货币仓库（银行）和所有基于信誉的企业都是一样的。

随着银行的发展以及人们对银行信心的增强，人们可能会发现，在许多情况下，放弃纸质收据（被称为银行券，bank notes），而开立银行账户并持有所有权证书更为方便。在货币领域，这些被称为银行存款（bank deposits）。客户在银行有账面要求权（book claim），他通过向自己的货币仓库（银行）发出指令，将自己账户中的一部分钱转给其他人完成交易，而不是转交纸质收据。因此，在我们的示例中，史密斯将要求银行将其 100 盎司黄金的账面所有权（book title）转给琼斯。这种书面指令被称为支票（check）。

应该清楚的是，在经济上，银行券和银行存款之间没有任何区别。两者都能表明对所储存黄金的所有权，两者作为货币替代品的转移方式相似，并且在使用范围上有相同的三个限制。客户可以根据便利性选择是否希望以银行券或银行存款的形式保留其所有权。①

---

① 第三种形式的货币替代品是非常小的零钱代币。这实际上相当于银行券，不过是"印刷"在贱金属上，而不是印刷在纸上。

现在，所有这些操作对货币供应量有什么影响？如果银行券或银行存款被用作"货币替代品"，这是否意味着即使黄金库存保持不变，经济中的有效货币供应量也增加了？当然不是。货币替代品只是实际所存放黄金的仓单。如果琼斯将 100 盎司黄金存放在仓库中，并取得仓单，这一仓单可以作为货币在市场上使用，但只能作为黄金的方便替代品，而不能作为货币增量。金库中的黄金不再是有效货币供应量的一部分，而是作为其仓单的准备金，所有者可随时提取。因此，货币替代品使用的增加或减少，不会改变货币供应量，只是改变了供应的形式。假设社会上的货币供应量最初为 1 000 万盎司黄金，其中 600 万盎司存入银行，以换取黄金券（gold notes），那么，现在有效的货币供应量则是：400 万盎司黄金，600 万盎司黄金券，货币供应量保持不变。

奇怪的是，许多人认为，如果银行在"100％准备金"的基础上运作（黄金总是以"仓单"为代表），那么银行就不可能赚钱。然而，这对于任何仓库来说并不是什么真正的问题。事实上，几乎所有的仓库都以 100％的准备金为货物所有者保管货物，否则将被视为欺诈或盗窃。它们的利润来自向客户收取的服务费。银行可以用同样的方式收取服务费。如果有人反对，不支付高昂的服务费，这意味着银行的服务需求量不是很大，其服务的使用将降至消费者认为值得的水平。

　　现在我们来讨论货币经济学家面临的最棘手的问题：评估"部分准备金银行"。我们必须问一个问题：部分准备金银行在自由市场上是被允许的，还是被宣布为欺诈？众所周知，银行很少以"100％准备金"状态保持很长时间。由于货币可以在仓库中存放很长一段时间，银行受到将其中一些用于自己的账户的诱惑。银行之所以会受到诱惑，也是因为人们通常不关心他们从仓库收回的金币是否与他们存放的金币完全相同。因此，银行受到用别人的钱为自己赚取利润的诱惑。

　　当然，如果银行直接借出黄金，那么一部分仓单将不能兑现，因为有些仓单在背后没有黄金支持。简言之，这家银行实际上已经无力偿还债务，因为如果被要求偿还债务，它将无法履行自己的义务。如果客户都提出要求，银行将无法交回所有客户的财产。

在通常情况下，银行不直接提取黄金，而是打印没有黄金支持的仓单或伪仓单，即不存在或不可能存在黄金支持的仓单。然后，借出款项，获取利润。显然，经济效益是一样的。打印的仓单比金库里的黄金要多，银行所做的是发行黄金仓单，这些仓单不代表任何东西，但被假设代表黄金的 100％面值。伪仓单和真实仓单一样，涌入信托市场，从而增加了国家的有效货币供应量。在上面的例子中，如果银行现在发行了 200 万盎司黄金的伪仓单，而这些仓单背后没有黄金支持，那么，至少在发现并纠正这种骗局之前，国家的货币供应量将从 1 000 万盎司增加到 1 200 万盎司。现在，除了公众持有的 400 万盎司黄金，还有 800 万盎司的货币替代品，其中只有 600 万盎司有黄金支持。

发行伪仓单，就像伪造货币一样，是通货膨胀（inflation）的一个例子，这将在后文进一步探讨。通货膨胀可以被定义为经济中货币供应量的增加，但这些增加不包含金属货币存量的增加。因此，部分准备金银行本质上是通货膨胀机构。

　　银行的捍卫者如是回应：银行的运作就像承担风险的其他业务一样。诚然，如果所有存款人都要求提款，银行就会破产，因为未结清的仓单超过了金库中的黄金。银行只是碰运气（通常是有道理的），因为并不是每个人都会要求取回黄金。然而，部分准备金银行与其他所有企业之间的最大区别在于：其他企业在商业冒险中使用自己或借入的资本。如果它们借款，它们会承诺在未来某一天还款，并小心注意在到期日手头有足够的资金来履行义务。假如史密斯借入 100 盎司黄金为期一年，他将安排在未来的还款日有 100 盎司黄金可用。但银行并不是向储户借款，它不保证在未来具体某天归还黄金。相反，它承诺在任何时候都会按要求用黄金支付仓单。简言之，银行券或银行存款不是借据或债务，而是他人财产的仓单。此外，当商人借钱或放贷时，不会增加货币供应量。贷款资金源于储蓄资金，现有货币供应量的一部分从储蓄者转移到借款人。另外，由于伪仓单被注入市场，银行发行的伪仓单会人为地增加货币供应量。

　　因此，银行不承担通常的商业风险。它不像所有商人一样，按照负债的时间表来安排资产的时间表，以确保在到期日有足够的资金来支付账单。相反，它的大部分负债是即时发生的，而它的资产不是。

银行凭空创造了新的财富，而不像其他所有人一样，必须通过生产或销售服务来获取利益。简言之，银行已经破产，而且一直处于破产状态，但只有当客户怀疑并引发"银行挤兑"（bank runs）时，它的破产状况才会被揭露。没有其他行业会出现类似的"挤兑"现象，没有其他行业会仅仅因为客户决定收回自己的财产而一夜之间陷入破产，没有其他行业会创造出虚构的新财富，而这些财富在真正计量时会蒸发掉。

下一章将探讨部分准备金银行的资金及其严重的经济影响。在这里，我们得出结论，从道德上讲，和其他任何形式的隐性盗窃一样，这样的银行业在真正的自由市场上没有存在的权利。诚然，银行券或银行存款没有在票面上写明仓库保证在任何时候都有充足的黄金担保，但银行确实承诺按要求付款，因此，当它发行任何伪仓单时，它已经在实施欺诈，因为银行当即就无法信守承诺地兑现所有银行券和银行存款。① 因此，当签发伪仓单的行为发生时，欺诈罪行即刻成立。只有在发生银行挤兑之后（因为所有仓单看起来都一样），索赔人才能发现哪些特定仓单是在欺诈，而迟到的索赔人则束手无策。②

如果在自由社会中欺诈行为被禁止，那么部分准备金银行体制也应被禁止。③ 然而，如果假设欺诈和部分准备金银行是被允许的，银行只需要履行其义务，按要求兑付黄金；否则，即刻破产。这样的制度被称为"自由银行体制"（free banking）。那么，是否会出现严重的货币替代品欺诈问题，从而人为创造新的货币？许多人假设会如此，并认

---

① 详见 Amasa Walker, *The Science of Wealth*, 3rd ed.（Boston: Little, Brown, 1867），pp.139-141；另外，该书第126页至第232页对部分准备金问题进行了出色的讨论。

② 也许自由意志主义的制度会将"一般存货单"（允许仓库将任何同类货物返还给储者）视为"特定存货单"，与提单、当票、码头仓单等一样，它确立了对特定物品的所有权，因为在一般存货单的情况下，仓库倾向于将货物视为自己的财产，而不是客户的财产。这正是银行一直在做的事情。详见 Jevons, *Money and the Medium of Exchange*, pp.207-212。

③ 欺诈是隐性盗窃，因为它意味着在收到有价值的东西后却不履行合同。简言之，如果 A 向 B 出售一个标有"玉米片"的盒子，B 打开后却发现里面装的是稻草，那么 A 的欺诈行为实际上是盗窃 B 的财产。同样，发行没有货物对应的仓单——这份仓单和真正的仓单看起来一样，这对于对不存在的财产拥有要求权的人来说就是欺诈。

为"野猫银行体制"（wildcat banking）只会使货币供应量膨胀到天文数字。但恰恰相反，自由银行体制将导致一个比现在"更可靠"（harder）的货币体系。

银行将受到我们在前面提到的三个限制的检验，并且相当严格。首先，每家银行的资金扩张都将受到黄金流出到其他银行的限制。这是因为银行只能在自己客户的范围内扩大资金供给。例如，假设 A 银行存有 1 万盎司黄金，现在超出黄金储备发行 2 000 盎司的虚假黄金仓单，并将其借给不止一个企业，或将其投资于证券。借款人或所投资证券的发行人，将把新资金用于购买各种商品和服务。最终，这些货币将被另一家银行 B 的客户所拥有。

届时，B 银行将要求 A 银行用黄金赎回其虚假的黄金仓单，以便将黄金转移到自己的金库。显然，每家银行的客户范围越广，客户之间的交易就越多，每家银行扩大信贷和货币供应的空间就越大。因为如果银行的客户范围很窄，那么在发行其创造的货币后不久，它就会被要求兑现，而正如我们所知，它没有足够的资金去兑现虚发的货币。因此，为了避免破产的威胁，银行的客户范围越窄，其必须储备的黄金份额就越大，而银行扩张的规模就越小。如果每个国家只有一家银行，那么其扩张的程度将远远大于当社区中每两个人拥有一家银行时。因此，在其他条件相同的情况下，银行数量越多，规模越小，货币供应就越可靠，也就越好。同样，银行的客户也会受到那些根本不使用银行服务的人的限制。使用实际黄金而不是银行货币的人越多，银行膨胀的空间就越小。

　　假设银行组成一个卡特尔，并同意支付彼此的仓单，而不要求兑现；进一步假设银行货币是普遍使用的。那么，银行扩张还会受到什么限制？是的，还有一项检验：客户对银行的信心。随着银行信贷和货币供应量的进一步扩张，越来越多的客户担心准备金率的降低。而且，在一个真正自由的社会中，那些了解银行系统实际破产真相的人将能够组建"反银行联盟"（AntiBank Leagues），敦促银行客户在为时已晚之前从银行中把钱取出。简言之，推动银行挤兑的联盟或其形成的威胁，将能够阻止和扭转货币扩张。

　　所有这些讨论不是要抨击信用（credit）的普遍做法，信用在自由市场上具有生死攸关的作用。在信用交易中，货币（当前有用的商品）的持有者，将其兑换为在未来某个日期应付的借据（IOU，I owe you）（借据是一种"未来商品"），利息费用反映市场对当前商品比对未来商品更高的估值。但是，银行券或银行存款不是信用，而是仓单，是对银行金库现金（如黄金）的即时要求权。债务人要确保其在到期日能偿还债务；而部分准备金银行能够偿还的金额只是其未偿债务的一小部分。

在下一章我们将探讨政府对货币体系的各种干预形式，其中大多数干预不是为了抑制欺诈性发行，而是为了消除上述和其他对通货膨胀的自然检验。

小　结

我们对自由社会中的货币有哪些了解？我们已经了解到，所有货币都起源于而且必须起源于自由市场选择的、作为交换媒介的有用商品。货币单位只是货币商品的重量单位，通常是金属，如黄金或白银。在自由社会，被选为货币的商品，其形状和形式，都由自由的个人意愿决定。

因此，私人铸币与任何商业活动一样合法和有价值。货币的"价格"是其对经济中所有商品的购买力，这取决于货币的供给和每个人对货币的需求。政府任何企图稳定价格的尝试，都会干扰人们对货币需求的满意度。如果人们认为使用一种以上的金属作为货币更方便，那么市场上不同金属货币之间的兑换率将由相对需求和供给决定，并且往往等于它们各自购买力的比率。一旦某种金属的供应量足以让市场选择它作为货币，供应量的增加就不能改善其货币功能。货币供应量的增加只会稀释每盎司货币的效能，而不会对经济产生帮助。然而，黄金或白银存量的增加，可以满足更多的非货币需求（装饰、工业用途等），因此对社会有益。通货膨胀（货币替代品增加，却没有金属存量增加予以支持）对社会从来都没有益处，而只是以牺牲一部分人的利益为代价使另一部分人受益。通货膨胀是欺诈性地侵犯他人财产权，不可能在自由市场上发生。

总之，自由市场可以像管理经济的其他部分一样，出色地管理货币体系。与许多经济学者的认识相反，货币没有什么特别之处，不需要政府的广泛干预。同样，自由人也将最好、最顺利地满足他们所有的经济需求。和人类的其他所有活动一样，对于货币而言，"自由，是秩序的母亲，而不是秩序的女儿"（Liberty is the mother, not the daughter, of order）。

第三章

政府干预货币

政府收入

与其他所有组织不同，政府获取的收入不是作为其提供服务的报酬。因此，政府面临着不同的经济问题。想要从他人那里获得更多商品和服务的个人，必须生产和销售他人想要的更多东西。政府只需要找到某种方法，在未经所有者同意的情况下征用更多的货物。

在以物易物的经济中，政府官员只能以一种方式征用资源：征收实物。在货币经济中，他们发现更容易攫取货币资产，然后用这些钱为政府购买商品和服务，或者将这些钱作为补贴支付给受青睐的群体。这种夺取被称为税收（taxation）[①]。

[①]　现在直接征用实物不如征收货币那么广泛。前者仍在发生的实例包括按照土地征收权以"正当程序"征用土地，在被占领国驻扎军队，特别是强制征用劳务（例如，义务兵役制、强制陪审团义务，以及强迫企业保留税务记录和征收预扣税）。

　　然而，税收往往不受欢迎，在不那么温和的日子里，经常引发革命。货币的出现，虽然对人类有益，但也为政府征用资源开辟了一条更为微妙的途径。在自由市场上，货币可以通过生产和销售人们想要的商品和服务，或者通过采矿（从长远来看，这项业务并不比其他业务更有利可图）来获得。但是，如果政府能够找到伪造（counterfeiting）货币的方法，即凭空创造新的货币，那么它就可以很快地生产出货币，而不必费心销售商品、提供服务或开采黄金。然后，它可以狡猾地、几乎不被注意地挪用资源，而不会激起税收引发的敌意。事实上，伪造货币会在受害者身上制造一种无比繁荣的幸福幻觉。

　　显然，伪造货币只是通货膨胀的另一个名称——都创造了新的"货币"，虽然所创造的"货币"不是标准的黄金或白银，而且两者的功能类似。现在我们明白了，为什么政府天然地喜欢通货膨胀：因为通货膨胀是政府获取公众资源的一种有力而微妙的手段，是一种无痛且更加危险的税收形式。

通货膨胀的经济效应

为了衡量通货膨胀的经济影响，让我们看看一群伪造货币的人开始他们的工作时会发生什么。假设经济体系中有 1 万盎司黄金的供应量，而伪造货币者多注入了 2 000 "盎司"，他们如此狡猾以至无法被发现。后果会怎样呢？首先，伪造货币者将明显获益。他们用新创造的货币来购买商品和服务。我们可以借用一幅著名的《纽约客》漫画来说明，这幅漫画展示了伪造货币者对他们自己的行为后果的清醒认识："零售消费将得到一剂必要的强心针。"的确如此，地方支出确实受到了刺激，新货币在整个经济体系中一步一步地发挥作用。正如我们所看到的，随着新货币的扩散，它抬高了价格，新货币只会稀释每一美元的效能。但这种稀释需要时间，因而是不规则的。与此同时，有些人获益，有些人则受损。简言之，伪造货币者及当地零售商发现，他们的收入在他们购买的商品价格上涨之前就已经增加了；但是，经济偏远地区的人在获得新货币之前，他们的购买价格就已经提高了。例如，该国另一端的零售商将蒙受损失。新货币的第一个接收者获益最大，而这以最迟收到新货币的人的损失为代价。

因此，通货膨胀不会带来普遍的社会效益。相反，它将财富重新分配给先到者，而牺牲了后来者的利益。事实上，通货膨胀是一场竞赛，谁能最早获得新货币谁就是赢家。那些后来者——那些陷入亏损的人——通常被称为"固定收入群体"（fixed income groups）。众所周知，阁僚、教师、领薪人员在获取新货币方面落后于其他群体，特别是那些依赖固定货币合同的人，那些合同是在通货膨胀引起价格上涨前签订的。人寿保险受益人和年金领取者、靠养老金生活的退休人员、签订长期租约的房东、债券持有人和其他债权人以及持有现金的人，都将承受通货膨胀的冲击，他们将被"课税"。①

通货膨胀还有其他灾难性影响。它扭曲了经济的基石：商业计算。由于不同商品的价格并非以相同的速度一致变

---

① 嘲笑"保守派"对因通货膨胀而受到伤害的"孤儿寡母"的担忧已成为时尚。然而，这恰恰是必须面对的主要问题之一。抢劫"孤儿寡母"，并将所得用于补贴农民和武装工人，这真的是"进步"吗？

化，企业很难区分价格变化是长久的还是暂时的，也很难准确计算消费者需求或自身的运营成本。例如，会计实务以企业实际支付的金额作为资产的"成本"入账，但是在通货膨胀的影响下，当资产耗尽时其重置成本将远远高于账面价值。因此，企业会计在通货膨胀期间会严重夸大利润，甚至可能在增加投资的同时却消耗了资本。[①] 同样，股东和房地产持有者在通货膨胀期间获得的资本利得根本不是真正的"收益"，但他们可能会在没有意识到自己正在损耗原始资本的情况下将这些收益的一部分花掉。

通过创造虚假利润和扭曲商业计算，通货膨胀将中止自由市场对低效企业的惩罚和对高效企业的奖励，几乎所有的企业都貌似蓬勃发展。"卖方市场"的普遍氛围将导致对消费者的商品和服务质量下降，因为当价格上涨以质量下降的形式出现时，消费者的抵制往往不强烈。[②] 当通货膨

---

① 这种误差在那些设备最老旧的工厂和资产最重的行业中最大。因此，在通货膨胀期间，将有过多的企业涌入这些行业。关于这一会计成本误差的进一步讨论，参见 W. T. Baxter, "The Accountant's Contribution to the Trade Cycle," *Economica* (May 1955): 99-112。

② 在高度关注"生活费指数"（如自动调整工资合同）的日子里，人们有强烈的动机提高价格，同时要求不影响指数变化。

胀发生时，工作质量会下降，原因更为微妙：人们热衷于"快速致富"计划。在价格不断上涨的时代，这种计划似乎触手可及，而且往往蔑视真正的努力。通货膨胀还惩罚节俭，鼓励负债，因为无论借多少钱，还款时美元的购买力都低于最初借入时的购买力。因此，这鼓励人们借入款项然后还款，而不是储蓄并借出款项。于是，通货膨胀在营造"繁荣"的闪亮氛围的同时，降低了人们的总体生活水平。

幸运的是，通货膨胀不会永远持续下去，因为人们最终会意识到这是一种税收形式，并会意识到他们手中所持货币的购买力在持续萎缩。

起初，当价格上涨时，人们会说："嗯，这是不正常的，是某种紧急情况的产物。我会推迟购买，直到价格回落。"这是通货膨胀第一阶段时人们的普遍心态。这种想法减轻了物价上涨，并进一步掩盖了通货膨胀，因为货币需求因此而增加。但是，随着通货膨胀继续发展，人们开始意识到：由于持续的通货膨胀，价格将持续上涨。现在，这时人们会说："我现在就买，尽管价格'高'，但如果我等下去，价格还会进一步上涨。"结果，现在对货币的需求下降，价格上涨的幅度超过了货币供应量增加的幅度。这时，政府经常被要求"缓解资金短缺"，这种资金短缺是由价格加速上涨导致的，而通货膨胀速度更快。然后，国家就进入"濒临崩溃的繁荣"（crack-up boom）阶段。这时人们会说："现在我必须买些东西，随便什么都行，只要能摆脱我手中贬值的货币就行。"于是，货币供应量激增，货币需求暴跌，物价飞涨。随着人们花费越来越多的时间寻找摆脱贬值货币的方法，产量急剧下降。事实上，货币体系已经完全崩溃，经济倒退到可以实现的其他货币体系，如其他金属货币。如果只有一个国家发生通货膨胀，则它可以转用外币，甚至恢复到以物易物的状态。货币体系在通货膨胀的作用下崩溃了。

这种恶性通货膨胀（hyper-inflation）在历史上屡见不鲜，比如法国大革命时的指券（assignats）、美国独立战争时的大陆币（continentals），特别是 1923 年的德国大通胀，以及第二次世界大战后的中国和其他货币危机。①

---

①　关于德国的例子，参见 Costantino Bresciani-Turroni，*The Economics of Inflation*（London：George Allen and Unwin，1937）。

对通货膨胀的最后一个指控是，每当新发行的货币首次用于商业贷款，通货膨胀就会导致可怕的"经济周期"（business cycle）。这一无声但致命的过程，几代人都没有发现。其作用如下：新货币由银行系统在政府的支持下发行，并被贷给企业。对商人来说，新资金似乎是真正的投资，但这些资金不是来源于自愿储蓄，不像自由市场投资那样。这些新资金被商人投资于各种项目，并作为更高的工资和价格支付给工人和其他生产要素所有者。随着新的资金渗透到整个经济体系，人们倾向于重新建立他们原有的自发的消费/储蓄比例。简言之，如果人们希望用收入的20%进行储蓄和投资，其余的用于消费，银行贷款给企业的新资金首先会使储蓄比例看起来更高。当新的资金渗入公众时，它重新建立起原来的20－80比例，许多投资现在被发现是浪费。对通货膨胀繁荣下浪费性投资的清算，被视为经济周期的萧条阶段（depression phase）。[1]

---

① 进一步的讨论，参见 Murray N. Rothbard, *America's Great Depression* (Princeton, N. J.：D. Van Nostrand, 1963)，Part I 。

铸币厂强制垄断

政府为了通过控制铸币权来增加收入，必须在远离自由市场的道路上采取许多冗长的步骤。政府不能简单地介入一个正常运作的自由市场，并印制纸币。如果这样唐突，几乎没有人会接受政府的货币。即使在现代，一些落后国家的许多人也拒绝接受纸币，坚持只用黄金交易。因此，政府的介入必须更加巧妙并采用渐进的方式。

在几个世纪前，还没有银行，因此政府无法像今天一样利用银行引擎实现大规模的通货膨胀。当只有金银流通时，政府能做些什么呢？

每一个规模庞大的政府都坚定地迈出了第一步，那就是夺取铸币业务的绝对垄断权。这是控制铸币供应的不可或缺的手段。国王或领主的肖像被印在硬币上，传播了这样一个神话，即铸币是王室或宏大的"最高权威"的基本特权。铸币垄断让政府可以按照自己的意愿提供任何面值的硬币，而不用考虑公众的需要。结果，市场上的硬币种类被强行减少。此外，铸币厂现在可以收取比成本更高的价格（"铸币税"，seigniorage），或只覆盖成本的价格（"铸币费"，brassage），或者免费提供硬币。铸币税是一种垄断价格，它对金条块转换成硬币强加了额外的负担；免费铸币过度鼓励用金条块制造硬币，迫使普通纳税人为他人使用的铸造服务买单。

在获得铸币垄断权后，各国政府尽其所能将货币单位名称与硬币实际重量这一真正基础区分开来，并鼓励使用货币单位名称。这也是一个非常重要的步骤，因为它使各国政府摆脱了遵守世界市场通用货币的必要性。每个国家都没有使用黄金或白银的重量单位作为货币单位，而是出于所谓的货币爱国主义利益推出本国货币名称，美元、马克、法郎，诸如此类。这一转换使得政府通过控制铸币权来增加收入的超级手段成为可能：降低货币成色。

降低货币成色

降低货币成色是国家通过控制铸币权来增加收入的方

法，而它却以大力保护货币标准为名，禁止私人厂商铸币。有时，政府实施简单的欺诈行为，偷偷地用贱合金稀释黄金含量，制造成色不足的硬币。更典型的做法是，铸币厂熔化并重新铸造所有法定货币，然后返还大众相同数量的"英镑"或"马克"，但重量较轻。剩下的几盎司黄金或白银被国王收入囊中，用来支付他的开销。通过这种方式，政府不断改变并重新定义其承诺保护的标准。统治者傲慢地将降低货币成色带来的利润称为"铸币税"。

快速而严重地降低货币成色，是中世纪的标志，几乎在欧洲的每个国家都是如此。这样，在 1200 年，法国图尔城铸造的里弗尔（livre tournois）被定义为 98 克纯银，到 1600 年，它只表示 11 克纯银。一个引人注目的例子是第纳尔（dinar），一种西班牙萨拉森硬币。第纳尔最初由 65 格令黄金构成，在 7 世纪末首次铸造。萨拉森人在货币问题上非常稳健，到 12 世纪中叶，第纳尔还含有 60 格令黄金。那时，基督教国王征服了西班牙。到 13 世纪初，第纳尔（当时被称为马拉韦迪，maravedi）的含金量降为 14 格令黄金。很快，金币变得太轻，以至无法流通，它被转换成了重 26

格令的银币。银币同样也遭遇降低货币成色。到 15 世纪中叶，马拉韦迪只含有 1.5 格令银，再次因为太轻而无法流通。[①]

格雷欣法则与铸币

金银复本位制

政府施行价格管制，主要是为了将公众的注意力从政府主导的通货膨胀转向所谓的自由市场的邪恶。正如我们所看到的，格雷欣法则就是价格管制的常见后果，即人为高估的货币往往会将人为低估的货币赶出流通过程。实际上，政府对某种货币设定最高价格（就是人为低估其价值），会导致货币供给短缺，并因囤积或出口而消失，在流通中被定价过高的货币所取代。

我们已经在新币相对于磨损的旧币的事例中了解到政

---

① 关于降低货币成色，参见 Elgin Groseclose，*Money and Man*（New York：Frederick Ungar, 1961），pp. 57 - 76。

府的价格管制如何起作用，这是格雷欣法则最早的例证之一。政府将货币的意义从重量变为仅仅是数量，并将面额标准化为自己的定义，而不是为了方便公众，对重量不同的新币和旧币使用相同的名称。结果，人们囤积或出口分量充足的新币，却在流通中使用磨损了的旧币。对此，政府抨击投机者、外国人或自由市场，而这一切完全是政府自己造成的。

　　格雷欣法则的一个特别重要的事例是本位制这个长期存在的问题。我们知道，自由市场建立了黄金和白银的平行本位制，根据市场供给和需求，黄金和白银的兑换率自由浮动。但是政府决定要介入市场，"简化"问题，从而帮助市场。政府官员觉得，如果黄金和白银之间的兑换以一定的比率固定下来，比如说，20 盎司白银兑换 1 盎司黄金，事情会变得更加清楚！于是，这两种货币可以一直按固定的兑换率流通，更重要的是，政府最终可以摆脱按重量来对待货币的负担，而只需按数量对待货币。让我们假设一个单位"rur"，浪漫国的国民将其定义为 1/20 盎司黄金。我们已经看到，政府诱导公众将"rur"视为一个抽象的单位，只是与黄金松散地联系在一起。这多么重要。还有什么比固定金银的兑换率更好的方法？于是，"rur"不仅变成1/20盎司黄金，还变成1盎司白银。"rur"的确切含义——黄金重量的一个名称——现在消失了，人们开始认为"rur"本身就是一种有形的东西，由政府出于良善和效率的目的设定，等于特定重量的黄金和白银。

现在我们看到了摒弃显示爱国之心的或本国的货币名称，转而使用黄金盎司单位的重要性。一旦这样的标签取代世界公认的重量单位，政府就更容易操纵货币单位并赋予其表面上的生命。固定金银的兑换率，即所谓"金银复本位制"，非常巧妙地完成了这项任务。然而，它没有完成简化国家货币的另一项工作，因为格雷欣法则再次凸显。政府通常最初将金银的兑换率（例如20∶1）设为自由市场的现行比率。但是，与所有市场价格一样，随着供求条件的变化，市场比率不可避免地会随着时间的推移而变化。随着变化的发生，固定的金银兑换率不可避免地变得过时。变化使黄金或白银被高估。于是，当白银从国外流入，并从现金余额中流出，成为浪漫国唯一的流通货币时，黄金就会消失，而流入现金余额、黑市或出口。几个世纪以来，所有国家都在应对突然交替的金属货币带来的灾难性影响。首先，白银流入，黄金消失；然后，随着相对市场比率的变化，黄金蜂拥而来，白银不见踪影。[①]

最后，在经历了几个世纪令人厌倦的金银复本位制的困扰之后，政府选择了一种金属作为本位制，通常是黄金。白银因为是小面额，被降级为"辅币"（token coin），但是分量不足。（辅币的铸造也被政府垄断，由于没有100％的黄金支持，所以这是扩大货币供应的一种手段。）取消白银作为货币的地位，无疑伤害了许多喜欢使用白银进行各种交易的人。在金银复本位制倡导者的呐喊声中有一个事实，那就是已经犯下"反银罪"，但这一罪行实际上源于最初强迫用金银复本位制取代平行本位制。金银复本位制造成了一种难以想象的困局，即政府要么回归完全的货币自由（平行本位制），要么选择两种金属中的一种作为货币（金或银本位制）。在这段时间之后，完全的货币自由被认为是

---

① 事实上，许多降低货币成色的动作都是暗中进行的，政府声称它们只是在使官方的金银兑换率与市场更加一致。

荒谬和不切实际的，因此金本位制被普遍接受。

法定货币

政府如何能够对货币兑换率实施价格控制？方法是运用一种被称为法定货币法（legal tender laws）的手段。法定货币用于支付过去的债务，以及当前的"现金"交易。随着在会计上以国家货币名称取代货币实际重量，合同开始承诺以一定数量的"货币"付款。法定货币法规定了"货币"可以是什么。当只有原始的黄金或白银被指定为法定货币时，人们认为它是无害的，但是他们应该意识到，对于政府控制货币，已经树立了一个危险的先例。如果政府恪守原始货币，法定货币法将是多余的，也是不必要的。[①] 另外，政府可能会宣布一种较低质量的货币与原始货币并列为法定货币。因此，政府可以颁布法令，规定在偿

---

① Lord Farrer，*Studies in Currency 1898*（London：Macmillan，1898），p. 43. 普通合同法做了所有必要的事情，没有任何法律赋予特定形式的货币特殊功能。我们采用了金镑（旧时英国金币，面值为一英镑）作为我们的单位……如果我承诺支付100金镑，则不需要特别的法定货币法来规定我必须支付100金镑。如果我必须支付这100金镑，我不能通过支付其他任何东西来履行我的义务。关于法定货币法，另见 Ludwig von Mises，*Human Action*（New Haven, Conn.：Yale University Press，1949），pp. 432n. and 444。

还债务时，旧币和新币一样好，或者银和金按固定的比率
兑换。随后，法定货币法导致了格雷欣法则。

当法定货币法庄严地确定被高估的货币的地位时，会
产生另一种效果，即以债权人为代价让债务人受益。因为
债务人被允许用比他们借入时少得多的钱偿还债务，而债
权人则被骗走了他们应得的钱。然而，没收债权人的财产
只能使现有的债务人受益；未来的债务人则会因政府对债
权人进行掠夺的记忆所引发的信贷短缺而承受沉重的
负担。

政府与货币制度

强制垄断铸币和通过立法确定法定货币，是各国政府
取得对本国货币的控制权的关键手段。为了支持这些措施，
每个政府都采取行动，废止竞争对手政府铸造的所有货币
的流通。① 如今，在每个国家，只能使用本国货币；在国家

---

① 在中世纪直至 19 世纪中叶的美国，外国货币的使用很普遍。

之间，则用无印金条和银条进行交易。这进一步切断了世界市场各个部分之间的联系，加深了国家间的裂痕，扰乱了国际劳动分工。然而，纯粹的硬通货（hard money）不会给政府引发通货膨胀留下太大的空间。政府可以操纵的贬值幅度是有限的，而且所有使用黄金和白银的国家，都会对各国政府在自己领土范围内的控制进行明确的检验。统治者仍然受到国际金属货币规则的约束。

近几个世纪，随着货币替代品的出现，政府对货币的控制只会变得专制独裁，其伪造货币的行为也不会受到挑战。纸币和银行存款的出现，当有黄金或白银的充分支持时是一种经济促进，但同时为政府控制货币进而掌控整个经济体系提供了手段。

允许银行拒绝付款

随着银行服务和货币替代品的广泛使用，现代经济为政府加强对货币供应的控制并自行决定通货膨胀提供了黄金机会。我们在第二章讨论了在自由银行体制下，对银行扩张的程度有三大制约：（1）每家银行的客户范围；（2）整个银行系统的客户范围，即人们使用货币替代品的程度；（3）客户对银行的信心。每家银行的客户范围越窄，或整个银行系统的客户范围越窄，或者客户对银行的信心越不稳定，在经济中对通货膨胀的限制就越严格。然而，政府对银行系统的特权和控制已经使上述制约失去效力。

当然，以上制约都基于银行的一项基本义务，即按要求偿还债务。我们已经看到，没有一家部分准备金银行能够偿还所有债务；我们也看到，这是每家银行都要进行的赌博。但是，履行合同义务必然对任何私有财产制度都至关重要，因而，政府助长通货膨胀的最直接办法就是给予银行拒绝支付的特权，同时银行还可以继续经营。虽然其他所有人都必须偿还债务，否则就会破产，但银行被允许拒绝兑现仓单，同时银行却能迫使自己的债务人在贷款到期时偿还。这通常叫"暂停支付"（suspension of specie payments），更准确的名称应该是"盗窃许可证"。对于这种政府允许在不履行合同的情况下还可以继续营业的情形，还有什么更合适的称呼吗？

在美国，当银行遇到困难时大规模暂停支付几乎成了一种传统。它始于 1812 年战争，当时美国国内大多数银行都位于新英格兰，这一地区对美国参战并无同情心。这些银行拒绝为战争目的贷款，因此美国政府向其他州的新银行借款。这些新银行发行新的纸币来发放贷款。通货膨胀是如此严重，以至要求赎回的呼声淹没了新银行，特别是来自新英格兰的保守的非扩张性银行，在那里政府将大部分资金用于购买战争物资。结果，1814 年出现了大规模的暂停支付，持续了两年多（远远超过了战争持续的时间）；在那期间，银行如雨后春笋般涌现，发行无须兑换为黄金或白银的纸币。

暂停支付传统为随后 1819 年、1837 年、1857 年等的经济危机创造了先例。由于这一传统，银行意识到它们不必担心在通货膨胀后破产。这当然刺激了通货膨胀和"野猫银行体制"。那些将 19 世纪的美国称为"自由银行体制"的可怕典范的作家，没有意识到国家在每一次金融危机中明显失职的推手作用。

政府和银行说服公众相信它们的行为是公正的。事实上，任何试图在危机中拿回钱的人都被认为是"不爱国"的，是对同胞的一种掠夺，银行则常常因在困难时期出于爱国之心救助社区而受到赞扬。然而，许多人对整个过程感到愤怒，并由此产生了著名的杰克逊"强势货币"运动（Jacksonian "hard money" movement），这场运动在美国南北战争前就已蓬勃发展。①

虽然"暂停支付"在美国被运用，但是这种对银行的阶段性特权并没有成为现代世界的普遍政策。这是一种粗制滥造的工具，过于零散（这不可能是永久性的，因为很少有人会光顾那些从不履行义务的银行），而且，它没有提供政府对银行系统的控制手段。毕竟，政府想要的不仅仅是通货膨胀，更是完全由自己控制和指导的通货膨胀。参加这场"表演"的银行一定不能有危险。因此，一种更微妙、更流畅、更持久的方法被设计出来，并作为文明本身的标志向公众兜售——中央银行。

---

① Horace White，*Money and Banking*，4th ed. （Boston：Ginn，1911），pp. 322 - 327.

中央银行：取消对通货膨胀的限制

现在，中央银行制度与现代管道和良好的道路处于同一等级：任何没有中央银行的经济体都被认为是"落后"、"原始"和无可救药地不合潮流的。1913 年美国采用了联邦储备系统（Federal Reserve System）——中央银行（central bank）——这一举措受到了欢迎，因为它终于使美国跻身"先进"国家行列。

中央银行通常名义上由私人拥有，或如美国那样由私人银行共同拥有，但它们总是由政府任命的官员指挥，并充当政府的左膀右臂。如果中央银行是私人所有的，比如最初的英格兰银行或美国第二银行，它们的预期利润就会加剧政府通常对通货膨胀的渴望。

中央银行从政府授予的纸币发行垄断权中获得统治地位，这往往是其力量的关键。私人银行始终被禁止发行纸币，只有中央银行拥有这一特权。私人银行只能发行存单，如果客户希望把存单转换为纸币，私人银行必须向中央银行提取。因此，中央银行拥有"银行家的银行"（bankers' bank）的崇高地位。之所以叫银行家的银行，是因为银行家必须与之做生意。银行存单不仅可以兑换为黄金，也可以兑换为中央银行发行的纸币。这些不仅仅是普通的银行纸币，更是中央银行的债务，而中央银行是拥有政府所有威严光环的机构。毕竟，政府任命中央银行官员，并对中央银行的政策与国家的其他政策进行协调。国家以税收形式接受这些纸币，并宣布其为法定货币。

　　由于这些措施，一国所有银行都成为中央银行的客户。[①] 黄金从私人银行涌入中央银行，作为交换，公众得到中央银行发行的纸币，并且停止使用金币。金币被"官方"意见嘲笑为笨重、过时、低效的古老"拜物对象"，也许在圣诞节时放在儿童的袜子里有点用，但仅此而已。当黄金以金块的形式存放在中央银行庞大的金库中时，它是多么安全、方便、高效！在这种宣传的洗脑下，由于纸币的便利性和政府背书的影响，在日常生活中公众不使用金币成

---

　　① 在美国，法律强制银行加入联邦储备系统，并在联邦储备银行保留账户。（那些不是联邦储备系统成员的州银行，必须将其准备金存放在成员银行中。）

为越来越普遍的现象。毫无疑问，黄金流入中央银行，在那里更加"集中"，这使得货币替代品的通货膨胀程度大大提高。

在美国，《联邦储备法》强制银行保持准备金与存款的最低比率。自1917年以来，这些准备金只能由联邦储备银行的存款组成。黄金不再是银行法定准备金的一部分，它必须存入联邦储备银行。

整个过程使公众脱离了使用黄金的习惯，人们将黄金交由国家漫不经心地保管，黄金就这样几乎没令人感到痛苦地被没收了。国际贸易商在大规模交易中仍然使用金块，但他们只占有投票权人口微不足道的比例。

公众的兴趣能够从黄金转到银行纸币的原因之一是每个人都对中央银行充满信心。毫无疑问，中央银行几乎拥有本国所有的黄金，有政府的强大力量和威望做背书，不会经营不善和破产！确实，自有历史记载以来，没有一家中央银行倒闭。但这是为什么？因为有不成文但非常明确的规则：不许中央银行倒闭！如果政府有时会允许私人银行暂停支付，那么当中央银行遇到困难时，政府会更有可能允许中央银行——政府自己的机构——暂停支付！18 世纪末，英格兰允许英格兰银行暂停支付，并且超过 20 年，这在中央银行历史上开创了先例。

这样，中央银行拥有了公众几乎无限的信任。此时，公众并不了解中央银行被允许任意伪造货币，而且如果中央银行的诚信受到质疑，仍可免于承担任何责任。公众认为中央银行是伟大的国家银行，履行公共服务，并通过成为政府的虚拟分支机构而免于倒闭。

中央银行继续在公众的信任下对私人银行进行投资，这是一项更为艰巨的任务。中央银行让人们认为，它将始终充当银行的"最后贷款人"（lender of last resort），即它随时准备向任何陷入困境的银行放贷，特别是当许多银行被要求偿还债务时。

政府还通过阻止银行挤兑（即当许多客户怀疑存在欺诈而要求取回自己的财产时）来持续支持银行。有时政府允许银行暂停支付，就像 1933 年的强制"银行假日"一样。政府还通过法律，禁止公众鼓励银行挤兑，而且，正如 1929 年美国大萧条时一样，政府开展活动，反对"自私"

和"不爱国"的黄金"囤积者"。1933 年，美国采用联邦存款保险制度，最终"解决"了银行倒闭的棘手问题。美国联邦存款保险公司（Federal Deposit Insurance Corporation）对已投保的银行存款只有微不足道的"支持"比例。但公众已经形成了这样的印象（这很可能是准确的），即联邦政府将随时准备通过印钞来兑现所有的已投保存款。结果，政府成功地将自己赢得的广大公众的信任，转移到整个银行系统以及中央银行。

我们已经看到，通过设立中央银行，各国政府大大放松了（如果不是取消的话）对银行通货膨胀的三项主要限制中的两项。第三项限制，即每家银行客户范围狭窄的问题是如何解决的？消除这一限制，是中央银行存在的主要原因之一。在自由银行体制中，任何一家银行的通货膨胀都会很快导致其他银行的兑现要求，因为任何一家银行的客户都是非常有限的。但是，中央银行通过向所有银行注入准备金，可以确保它们能够以统一的速度共同扩张。如果所有银行都在扩张，那么就不会出现一家银行对另一家银行的兑现问题，每家银行都发现自己的客户群实际上是整个国家。简言之，从每家银行的客户到整个银行系统的客户，对银行扩张的限制被无限放宽。当然，这意味着没有一家银行的扩张能够超出中央银行的期望。因此，政府终于获得了控制和指导银行系统通货膨胀的权力。

除了取消对通货膨胀的限制，建立中央银行也直接影响通货膨胀。在中央银行成立之前，银行需要保持黄金储备。现在，黄金流入中央银行以换取央行存款，即商业银行的准备金。但是，中央银行本身却只为自己的负债保留一小部分黄金储备！因此，成立中央银行这一行为，大大提升了国家通货膨胀的可能性。[1]

中央银行：引导通货膨胀

中央银行究竟如何履行其监管私人银行的义务？是通

---

[1] 以这种方式建立美联储，使美国银行系统的扩张力量增加了 3 倍。美联储还将所有银行的平均法定准备金率从 1913 年的 21% 左右降低到 1917 年的 10%，从而使通货膨胀的可能性进一步加倍——潜在通货膨胀的总和增加了 6 倍。详见 Chester A. Phillips，T. F. McManus，R. W. Nelson，*Banking and the Business Cycle*（New York：Macmillan，1937），pp. 23ff。

过控制私人银行的准备金，即私人银行在中央银行的存款账户。银行通常使准备金与总存款负债保持一定的比例，而美国政府的控制更加简单，即对银行实施法定最低准备金率。中央银行可以通过向银行系统注入准备金，也可以通过降低准备金率，从而允许全国范围内的银行信贷扩张，刺激通货膨胀。假设银行保持1：10的准备金/存款比率，那么如果有1 000万美元的超额准备金（高于要求的比率），将允许并鼓励全国范围内的银行通货膨胀1亿美元。由于银行从信贷扩张中获利，而且政府已经几乎确保它们不可能倒闭，所以银行通常会努力将贷款保持在允许的最高水平。

中央银行通过购买市场上的资产来提高银行准备金额度。例如，如果银行从琼斯手中购买了价值1 000美元的资产（任何资产），会发生什么？中央银行向琼斯开出一张1 000美元的支票，以购买这一资产。中央银行不保留个人账户，因此琼斯把支票存入他的银行。琼斯的银行将1 000美元的存款记入他的个人账户，并将支票交给中央银行，中央银行必须将另外1 000美元的准备金记入银行的准备金账户。这 1 000 美元的准备金允许银行成倍地扩张信贷，特别是如果增加的准备金以这种方式源源不断地注入全国许多银行。

如果中央银行直接从银行处购买资产，那么结果就更清楚了：该银行提高了其准备金，并建立了翻倍扩张信贷的基础。

中央银行最喜欢购买的资产，毫无疑问是政府债券。通过这种方式，政府保证了自己的债券有市场。政府可以通过发行新债券，很容易地增加货币供应量，然后命令中央银行购买这些债券。通常，中央银行承担将政府债券维持在一定价格水平上的义务，这是政府债券流入银行的原因，这也从而导致连续不断的通货膨胀。

除了购买资产，中央银行还可以通过另一种方式创造新的银行准备金：借出资金。中央银行借出准备金，然后向银行收取的利率叫"再贴现率"（rediscount rate）。显然，对于银行来说，借入的准备金不如完全属于自己的准备金，因为存在还款压力。再贴现率的变化得到了大量的宣传报道，但与银行准备金额度和准备金率的变化相比，再贴现率的重要性显然是次要的。

中央银行向银行或公众出售资产会减少银行准备金，并会造成信贷收缩和通货紧缩的压力，从而降低货币供应量。然而，我们已经看到，政府天然喜欢通货膨胀；从历史上看，政府主动实现通货紧缩是罕见且短暂的。有一件事经常被遗忘：通货紧缩只会发生在通货膨胀之后；只有伪仓单才会被拒收和清理，而不是金币。

脱离金本位制

中央银行的成立消除了对银行信贷扩张的限制，并使通货膨胀的引擎开始运转。然而，它并没有消除所有限制，中央银行本身仍然存在问题。可以想象，公众可以挤兑中央银行，但这是极不可能的。更可怕的威胁是黄金流向国外。正如一家银行扩张，黄金流向其他非扩张性银行的客户一样，一个国家的货币扩张，也会引致黄金流向其他国家的公众。货币扩张速度更快的国家面临黄金流失的危险，于是呼吁银行系统赎回黄金。这是 19 世纪典型的周期模式：

一国的中央银行造成银行信贷扩张，于是价格上涨，随着新货币从国内客户流通到国外客户手中，国外客户越来越多地试图把货币兑换成黄金。最后，中央银行将不得不叫停并实施信贷紧缩，以挽救货币本位。

有一种方法可以避免外国人将货币兑换成黄金，即各国中央银行合作。如果所有中央银行都同意以大致相同的速度进行通货膨胀，那么任何国家都不会发生黄金流向其他国家的情况，于是全世界的通货膨胀几乎可以没有限制。然而，由于每个政府都既要尽力维护自己的权力，又要对各种压力做出反应，迄今为止，这种需要协调一致的合作几乎是不可能的。最接近的案例之一是20世纪20年代美国联邦储备委员会应允促进国内通货膨胀以帮助英国防止其黄金流到本国。

20世纪，各国政府在面对大量的黄金需求时，并没有紧缩通货或限制自身的通货膨胀，而是干脆脱离金本位制。当然，这确保了中央银行不会破产，因为它发行的纸币现在成了本位币（standard money）。简言之，政府最终拒绝偿还债务，并实际上免除了银行系统的沉重责任。首先，在没有黄金支持的情况下发行黄金伪仓单；然后，当清算日临近时，仅仅通过取消兑现，就无耻地完成了破产。各种国家货币名称（美元、英镑、马克）与黄金和白银的脱钩，已经完成。

起初，各国政府并不承认这是一项永久性措施，只是说"暂停支付"。人们一直认为，在战争或其他紧急情况结束后，最终政府将履行其义务。在英格兰银行于 18 世纪末取消金本位制后，这种状态持续了 20 多年，而人们始终认为，法国战争结束后银行将恢复支付黄金。

然而，暂时的"暂停支付"措施是完全赖账的缓兵之计。毕竟，金本位制不是可以随便打开或关闭的水龙头，不是政府一时兴起的命令。不管黄金仓单可兑现还是不可兑现，一旦暂停兑现，金本位制本身就是一个笑话。

黄金货币缓慢消亡的另一举措是建立"金块本位制"（gold bullion standard）。在这种制度下，货币不再可以兑换成金币，只能兑换成价值极高的大金块。事实上，这将黄金兑换局限在极少数国际贸易商手中。不再有真正的金本位制，但各国政府仍然可以称它们坚持金本位制。20 世纪 20 年代欧洲的金本位制就是这种类型的伪金本位制。①

最后，在对外国人和"不爱国的黄金囤积者"的猛烈抨击声中，各国政府正式和彻底地脱离金本位制。政府纸币成为法定本位币（fiat standard money）。有时，财政部而不是中央银行的纸币是法定货币，特别是在中央银行系统发展之前。美国大陆币和美国南北战争时期的绿钞（greenbacks）与邦联债券（confederate notes）、法国大革命时的指券都是财政部发行的法定货币。但无论是财政部还是中央银行，法定货币发行的效果都是一样的：现在货币本位听命于政府，银行存款只需用政府纸币兑现。

法定货币与黄金问题

当一国脱离金本位制，转而采用法定本位制（fiat standard）时，会增加现有"货币"的数量。除了商品货币、黄金和白银外，又出现了由各国政府强制推行其法定

---

① Melchior Palyi, "The Meaning of the Gold Standard," *Journal of Business*（July 1941）: 299 – 304.

本位制而兴起的独立货币。正如黄金和白银在自由市场上会有兑换率一样，市场也会建立各种货币间的兑换率。在法定货币的世界里，如果允许，每种货币都将相对于其他货币自由浮动。我们已经了解到，对于任何两种货币，汇率都是根据相应的购买力平价来确定的，而这些购买力平价又取决于不同货币各自的供需。当一种货币的特性从黄金仓单变为法定纸币时，人们对其稳定性和质量的信心就会动摇，对它的需求也会下降。此外，它现在已经与黄金脱钩，与以前有黄金作为后盾时相比，货币数量明显多得多。由于纸币的供应量大于黄金而需求量较低，因而其购买力和兑换率相对于黄金迅速降低。而且，由于政府天然喜欢通货膨胀，随着时间的推移，纸币会不断贬值。

这种贬值对政府来说非常尴尬，同时伤害了进口商。黄金在经济中的存在，不断提醒人们政府发行的纸币的质量很差，并且黄金总是对纸币作为国家货币的地位构成威胁。虽然法定纸币有政府威望和法定货币法作为后盾，但公众手中的金币也将永远构成对政府管理国家货币权力的一种指责和威胁。

在 1819—1821 年美国第一次大萧条期间，四个西部州（田纳西州、肯塔基州、伊利诺伊州和密苏里州）成立了州立银行，发行法定纸币。它们得到了各州法定货币条款的支持，有时还得到了禁止纸币贬值的法律禁令的支持。然而，所有这些被寄予厚望的实验都很快陷入麻烦，因为新纸币迅速贬值到几乎一文不值。各州不得不迅速废弃这些新纸币。后来，在美国南北战争期间和之后，绿钞作为法定纸币在北方流通。然而，在加利福尼亚州，人们拒绝接受绿钞，继续使用黄金作为货币。正如一位著名的经济学家所指出的：

> 在加利福尼亚州，与在其他州一样，纸币是法定货币，可用于支付公共规费，并不存在对联邦政府的任何不信任或敌意，但是，却有一种强烈的感觉……赞成黄金，反对纸币……每个债务人都拥有用贬值的纸币偿还债务的合法权利，但是如果谁这样做，他就会臭名昭著（债权人很可能会在报纸上将他的行为公之于众），他几乎会遭到所有人的排斥。在整个这一时

期，加利福尼亚州没有使用纸币。当地人用黄金进行
交易，而美国其他地区则使用可兑换的纸币（converti-
ble paper）。[1]

显然，政府无法容忍人们拥有和保留黄金。如果人们
在需要的时候能够拒绝法定货币，转而使用黄金作为货币，
政府就永远无法巩固其对国家货币的控制权。因此，政府
禁止公众持有黄金。黄金，除了允许用于工业和装饰的微
不足道的数量外，普遍已被收归国有。谁要是提出归还公
众被没收的财产的要求，就会被认为是毫无希望般的落后
和过时。[2]

法定货币与格雷欣法则

随着法定货币的建立和持有黄金被禁止，政府主导的、

[1] 详见 Frank W. Taussig, *Principles of Economics*, 2nd ed.（New York：Macmillan, 1916），vol. I, p. 312。另见 J. K. Upton, *Money in Politics*, 2nd ed.（Boston：Lothrop Publishing, 1895），pp. 69ff。
[2] 有关 1933 年美国政府没收公众的黄金并取消金本位制的措施的精辟分析，参见 Garet Garrett, *The People's Pottage*（Caldwell, Idaho：Caxton Printers, 1953），pp. 15 - 41。

全面的通货膨胀之路畅通无阻，只是仍然存在一个非常广泛的限制：恶性通货膨胀的最根本威胁，即货币体系的崩溃。当公众意识到政府一心追求通货膨胀，决定在手头上的货币还有一定价值时尽快花掉，以逃避通货膨胀税时，恶性通货膨胀就会发生。然而，在恶性通货膨胀到来之前，政府可以不受干扰地管理货币和通货膨胀。不过，又出现了新的问题。通常，政府干预在解决一个问题时会引发一大堆新的、意想不到的问题。在法定货币的世界里，每个国家都有自己的货币。基于国际货币的国际分工被打破，而各国倾向于划分为自给自足的单位。缺乏货币确定性进一步扰乱了贸易，因而各国的生活水平都下降。每个国家的货币与其他所有货币的汇率自由浮动。虽然一个通货膨胀超群的国家不再担心黄金流出，但它面临着其他不愉快的结果，其货币的汇率相对于外币下跌。这不仅令政府难堪，甚至让担心进一步贬值的人感到不安，同时这也大大提高了进口商品的成本，并对那些国际贸易占比很高的国家影响重大。

因此，政府开始废除自由浮动汇率，相反，它们武断地固定本国货币与其他货币的汇率。格雷欣法则清晰地告诉我们，这种武断的价格控制的结果会是怎样的。无论设定何种汇率，都不是自由市场汇率，因为自由市场汇率只能由市场上逐日的状况决定。因此，一种货币往往被人为高估，而另一种货币则被低估。一般来说，政府出于自身威望及其结果，故意高估本国货币。当一国货币被法令高估时，人们争相以低廉的价格将其兑换为被低估的货币；这导致被高估的货币过剩，而被低估的货币短缺。简言之，确立这样的汇率是为了避免转向清算外汇市场。在当今世界，其他货币相对于美元通常被高估。结果就是尽人皆知的"美元短缺"现象——这是格雷欣法则起作用的另一个例证。

外国叫嚣着"美元短缺"，这实际上是由外国政府自己的政策造成的。这些政府可能真的很欢迎这种状况，因为：（1）这给了它们一个借口来呼吁美元援助，以"缓解自由世界的美元短缺"；（2）这给了它们一个理由来限制从美国的进口。低估美元会导致从美国进口的商品价格被人为地压低，而向美国出口的商品价格被人为地抬高。结果是，贸易逆差和对美元外流的担忧。^① 于是，外国政府介入，遗憾地告诉公众，很不幸，有必要限制进口，即向进口商发放许可证，并"根据需要"决定进口什么。为了限制进口，许多政府没收了本国公众的外汇储备，迫使这些人接受远低于他们在自由市场上可以获得的本国货币数量，从而支持对本国货币的人为高估。于是，外汇和黄金一样被收归国有，出口商受到惩罚。在对外贸易极为重要的国家，这种政府"外汇管制"实际上是对经济的一种控制。因此，人为操控的汇率为各国提供了要求外国援助和对贸易实行控制的借口。^②

世界陷入了外汇管制、货币集团、可兑换限制和多种汇率制度引发的混乱。在一些国家，法律鼓励外汇"黑市"，借以寻求真实汇率，同时对不同类型的交易固定多种歧视性汇率。几乎所有国家都采用法定本位制，但它们没有勇气直接承认这一点，因此宣布这是所谓的"受限制的金块本位制"（restricted gold bullion standard）。实际上，

---

① 曾经，美元相对于其他货币被高估，因此美元从美国流失。

② 有关外汇和外汇管制的精彩讨论，参见 George Winder, *The Free Convertibility of Sterling* (London：Batchworth Press, 1955)。

黄金不是作为货币的真正定义而被使用，而是为政府提供了便利，因为：（1）固定一种货币对黄金的汇率就可以很容易地计算任何其他货币对黄金的汇率；（2）不同政府仍在使用黄金。由于汇率是固定的，有些项目必须流动以平衡每个国家的国际收支，而黄金是理想的选择。简言之，黄金不再是世界货币，只是政府货币，用于政府间的支付。

显然，通胀主义者的梦想是某种世界纸币由世界政府和中央银行操纵，以同样的速度在各地膨胀。然而，这个梦想的实现为时尚早，我们离世界政府还很远，各国货币问题迄今过于五花八门又矛盾冲突，无法将各国货币协调为一种货币。不过，世界已经朝着这个方向稳步前进。例如，国际货币基金组织（IMF）基本上是一个旨在加强国家外汇管制的机构，特别是管理外国对美元的低估。IMF 成员将黄金和美元借给那些缺乏硬通货的国家。

政府和货币

许多人认为，一方面，尽管自由市场有一些公认的优点，但却是一片混乱和无序的景象。没有什么是"计划好的"，一切都是杂乱无章的。另一方面，政府命令似乎简单而有条理，法令下达并得到遵守。在货币领域，这种荒诞的说法比在任何其他经济领域都更为普遍。似乎货币至少必须受到严格的政府管控。但是，货币是经济的命脉，它是所有交易的媒介。政府如果可以决定货币问题，就相当于夺取了控制经济的重要指挥所。我们已经看到，与通常的假设相反，货币自由市场不会杂乱无章，事实上，这将是秩序和效率的典范。

那么，我们在政府和货币方面学到了什么？我们已经了解到：几个世纪以来，政府一步一步地侵入自由市场，并完全控制了货币体系；每一种新的控制手段，虽然有时看似无害，但却引起新的、更进一步的控制；政府天然喜欢通货膨胀，因为通货膨胀是为国家及其受惠群体获取收入的一种诱人手段。因此，政府缓慢但坚定地夺取货币控制权，用于：（1）以自身决定的速度膨胀经济；（2）使整个经济向自己期待的方向发展。

此外，政府干预货币，不仅给世界带来了难以言喻的暴政，也带来了混乱而不是秩序。它使和平且富有成效的世界变得支离破碎，同时贸易和投资受到无数限制性法令、控制、人为汇率、货币崩溃等因素的阻碍。它通过将一个和平交往的世界转变为一个由交战货币集团组成的丛林，从而引发战争。简言之，我们发现，在货币领域和在其他事务中一样，威压带来的不是秩序，而是冲突和混乱。

第四章

西方货币体系的崩溃

　　自 20 世纪 60 年代初以来，货币干预主义者已经自食恶果。1973 年 2 月至 3 月的世界货币危机，以及随后 7 月的美元暴跌，这些只是加速的系列危机中的一两次，为我们分析政府干预货币体系的必然后果提供了真实的案例。在每一次危机都被“权宜之计”暂时缓解后，西方国家政府便大声宣布：世界货币体系现在已经建立在稳固的基础上，所有的货币危机都已得到解决。尼克松总统甚至把 1971 年 12 月 18 日达成的《史密森协定》称为“世界历史上最伟大的货币协定”，结果却是在仅仅一年多的时间里看到了这一最伟大协定的崩溃。每一个“解决方案”都比前一个更快地瓦解。为了便于理解当时混乱的货币制度，有必要简单回顾 20 世纪国际货币的发展，看看每一套不健全的通胀主义干预措施如何因自身固有的问题而失效，只不过为下一轮干预奠定基础。20 世纪世界货币秩序的历史可以分为九个阶段，让我们依次检视。

第一阶段

1815—1914 年，古典金本位制

回顾 19 世纪和 20 世纪初的西方世界古典金本位制，我们可以将这一时期视为字面和象征意义的黄金时代。除了棘手的白银问题，全世界都采用金本位制。这意味着每一种国家货币（美元、英镑、法郎等）都只是一定重量黄金的名称。例如，美元被定义为 1/20 盎司黄金，英镑略低于 1/4 盎司黄金，等等。这表示不同国家货币之间的汇率是固定的，不是因为它们受到政府的武断控制，而是因为一磅重量就等于 16 盎司。

国际金本位制意味着，使用同一种货币媒介的益处扩展到全世界。美国经济发展和繁荣的原因之一是，在国家广大区域范围都使用同一种货币。美国在全国范围内实行金本位制，或至少是单一美元本位，而不必陷入每个城市和县都发行自己的货币所引发的混乱。如果那样，某地发行的货币会相对于其他所有地区的货币起伏不定。19世纪，在整个文明世界，单一货币的好处随处可见，它促进了在整个贸易和货币领域的贸易、投资和旅行自由，从而促进了专业化和国际分工的发展。

必须强调的是，黄金不是政府随意选定的货币本位。经历了许多个世纪，黄金在自由市场上发展成为最好的货币，发展成为提供最稳定、最理想的交换媒介的商品。最重要的是，黄金的供应只由市场力量决定，而不受制于政府随心所欲的印钞行为。

国际金本位制为限制政府的通货膨胀潜力提供了一种自动的市场机制，也为各国的国际收支平衡提供了自动机制。正如哲学家兼经济学家大卫·休谟在18世纪中叶所指出的那样，如果某国，比如法国，增加法郎纸币的供应量，那么物价就会上涨，以法郎纸币计算的收入会增加，同时进口价格相对于国内价格便宜，这都将刺激来自国外的进口。与此同时，国内较高的物价水平会阻碍对外出口，结果是国际收支出现逆差，这一差额必须由外国以法郎兑换黄金来支付。黄金外流意味着法国最终必须收缩其膨胀的法郎纸币，以防止黄金全部流失。如果通货膨胀是以银行存款的形式出现的，那么法国银行就必须签订贷款和存款合同，以避免外国人要求法国银行赎回黄金而使银行破产。这种紧缩政策会降低国内物价，并产生出口盈余，从而扭转黄金外流局面，直到法国和其他国家的价格水平达到平衡。

的确，19世纪以前的政府干预削弱了这种市场机制的作用，并造成在金本位制框架下出现扩张和收缩的经济周期。以下这些干预措施尤其突出：政府对铸币厂的垄断、法定货币法的颁布、纸币的发行以及各国政府推动的通货膨胀性银行业的发展。但尽管这些干预措施减缓了市场的调节，市场调节仍最终控制了形势。因此，尽管19世纪的古典金本位制并不完美，形成相对较小的繁荣和萧条，它仍然为我们提供了迄今为止世界上已知的最好的货币秩序。这种秩序行之有效，可防止经济周期失控，并有利于促进自由国际贸易、交换和投资的发展。[①]

第二阶段

第一次世界大战及其后

古典金本位制如果如此行之有效，那么为什么还会崩溃呢？因为各国政府被要求履行其货币承诺，确保英镑、美元、法郎等始终可以兑换黄金，正如它们和它们控制的银行系统所承诺的那样。失败的不是金本位制，而相信政府能信守承诺才是愚蠢的。为了参加第一次世界大战这场残酷的战争，各国政府不得不增加本国的纸币和银行通货供应。通货膨胀如此严重，以至参战国政府在参战后不久就不能信守承诺，因而脱离金本位制等同于宣布国家破产。只有美国较晚参战，没有把美元供应量膨胀到足以危及可

---

① 关于古典金本位制的研究，以及 20 世纪早期崩溃的历史，参见 Melchior Palyi, *The Twilight of Gold*, *1914 - 1936*（Chicago：Henry Regnery, 1972）。

赎回性的程度。但是，除了美国，世界经历了一些经济学家所谓的汇率自由浮动（现在被称为"有管理的浮动"，dirty floats）、竞相贬值、敌对的货币集团、外汇管制、关税和配额以及国际贸易和投资崩溃的涅槃之苦。膨胀的英镑、法郎、马克等相对于黄金和美元贬值，世界各地充斥着货币混乱。

令人高兴的是，在那些日子里，很少有经济学家将这种情况称为货币体系的理想状态。人们普遍认为，第二阶段是国际灾难的开端，政治家和经济学家四处寻找可以恢复古典金本位制的稳定和自由的方法。

第三阶段

1926—1931 年，金汇兑本位制（英国和美国）

如何回到黄金时代？明智的做法应该是承认现实，承认英镑、法郎、马克等货币贬值的事实，并以重新确定的兑换率回归金本位制，即承认现有货币供应和价格水平下的兑换率。例如，1 英镑传统上以重量定义为 4.86 美元。但到第一次世界大战结束前，英国的通货膨胀使 1 英镑在自由外汇市场上跌至 3.5 美元左右。其他货币也同样贬值。对于英国来说合理的政策应该是，以大约 3.5 美元的价格回归金本位制，其他发生通货膨胀的国家也应该采取类似的政策。这样本可以顺利而迅速地恢复到第一阶段，但是，英国却做出了相反的重大决定，以 4.86 美元的旧面值回归金本位制。[①] 英国这样做，是为了保护国家"威望"，也是为了重建伦敦作为世界"硬通货"金融中心的地位，但却是徒劳的尝试。为了在这件英雄般的愚蠢事情上取得成功，英国必须大幅削减货币供应量和价格水平，因为以 1 英镑兑 4.86 美元的兑换率，英国的出口价格过高，在世界市场上毫无竞争力。但通货紧缩当时在政治上是不可能的，因为工会的成长，在全国失业保险制度的支持下，使工资率刚性不易下降；如果要紧缩通货，英国将不得不扭转其作为福利国家的发展。事实上，英国希望继续膨胀货币和价格。

---

① 关于英国在导致 1929 年大萧条中的关键错误及其后果，参见 Lionel Robbins，*The Great Depression*（New York：Macmillan，1934）。

由于通货膨胀和高估货币面值的双重作用，英国的出口在20世纪20年代一直低迷，在世界大部分地区经历经济繁荣的时期，英国的失业问题严峻。

英国是如何试图实现鱼与熊掌兼得的呢？方法是建立一个新的国际货币秩序，诱使或迫使其他国家政府采取通货膨胀政策，或以高估的本国货币恢复金本位制，从而削弱本国的出口，并补贴从英国的进口。这正是英国在1922年热那亚会议上领导创建新的国际货币秩序——金汇兑本位制（gold exchange standard）时所做的。

金汇兑本位制的运作方式如下：美国仍然采用古典金本位制，美元可以兑换为黄金。然而，英国和其他西方国家回到了伪金本位制，英国在1926年，其他国家差不多在同一时间。英镑和其他货币不能兑换为金币，只能兑换为大的金块，仅适用于国际贸易。这妨碍了英国和其他欧洲国家的公众在日常生活中使用金币，从而允许更大程度的纸币和银行通货膨胀。此外，英国不仅把英镑兑换为黄金，还把英镑兑换为美元；而其他国家的货币，并不能兑换为黄金，而只能兑换为英镑。这些国家中的大多数都是受英国的诱导，以高估的平价回归金本位制。结果是，美元对黄金的兑换率、英镑对美元的兑换率以及欧洲其他货币对英镑的兑换率形成了一种金字塔结构——金汇兑本位制，同时美元和英镑成为两种关键货币。

当英国经历通货膨胀并遭遇国际收支赤字时，金本位制并没有迅速发挥作用来抑制英国的通货膨胀。因为其他国家没有将英镑兑换为黄金，而是保留了英镑，并在这样的基础上继续通货膨胀。之后，英国和欧洲其他国家被允许不受约束地通货膨胀，英国的国际贸易逆差可以在金本位制的市场纪律下无限制地扩大。至于美国，英国能够诱使美国让美元膨胀，以免美国流失大量美元储备或黄金。

金汇兑本位制的问题在于它不持久，最终必须付出代价，但这只是对长期通胀繁荣的灾难性反应。随着英镑余额在法国、美国和其他地方不断增长，人们对日益摇摇欲坠、粗制滥造的通胀结构的信心稍有丧失，势必会导致全面崩溃。这正是1931年发生的情况，整个欧洲的通胀性银行经营不善，而拥有"强势货币"的法国试图把自己的英镑余额兑换为黄金，导致英国彻底脱离金本位制。很快，欧洲其他国家纷纷效仿英国。

第四阶段

1931—1945 年，波动的法定货币

此时世界又回到了第一次世界大战时的货币混乱状态，只不过似乎恢复金本位制的希望渺茫。国际经济秩序已经崩解，世界陷入了自由浮动汇率和有管理的浮动汇率、竞相贬值、外汇管制和贸易壁垒的混乱状况；不同货币和货币集团之间的国际经济和货币战愈演愈烈。国际贸易和投资几乎陷入停滞；贸易通过相互竞争和冲突的政府以以物易物的方式进行。美国国务卿科德尔·赫尔（Cordell Hull）一再指出，20 世纪 30 年代的货币和经济冲突，是第二次世界大战发生的主要原因。[①]

---

① 参见 Cordell Hull，*Memoirs*（New York，1948），vol. I，p. 81。另见 Richard N. Gardner，*Sterling-Dollar Conspiracy*（Oxford：Clarendon Press，1956），p. 141。

美国在金本位制上坚持了两年，然后在 1933—1934 年间，为了摆脱经济萧条（劳而无功的努力），放弃了古典金本位制。美国公众再也无法将美元兑换成黄金，甚至被禁止在国内外拥有任何黄金。不过，1934 年后，美国仍然采用了一种独特的新形式的金本位制，即只有外国政府及其中央银行能将美元兑换成黄金，这时 1 美元被重新定义为 1/35 盎司黄金。与黄金的联系依然挥之不去。此外，欧洲的货币混乱导致黄金流入唯一相对安全的货币避风港——美国。

20 世纪 30 年代混乱和失控的经济战，尖锐地表明了一个重要问题：以米尔顿·弗里德曼为代表的芝加哥学派的自由浮动法定货币方案存在严重的政治缺陷（除了经济问题）。弗里德曼主义者以自由市场之名，主张将各国货币的绝对控制权交给发行法定货币的中央政府，彻底切断各国货币与黄金的所有联系，并建议各国政府允许其货币相对于其他所有法定货币自由浮动，以避免货币过度膨胀。这一主张的严重政治缺陷是，将货币供应的完全控制权交给民族国家，并期待它克制使用这种权力。由于权力总是被不加节制地使用，包括合法伪造货币的权力，这类方案的天真和国家主义性质是显而易见的。

因此，第四阶段的灾难性经历，即 20 世纪 30 年代的法定货币和经济战，导致美国当局将其在二战的主要经济战目标设定为：恢复可行的国际货币秩序，在这一国际货币秩序之上实现世界贸易复兴和国际分工成果。

第五阶段

1945—1968 年，布雷顿森林体系和新的金汇兑本位制（美国）

新的国际货币秩序，是美国于 1944 年中期在新罕布什尔州布雷顿森林召开的国际货币会议上构想并推动的，并于 1945 年 7 月获得本国国会批准。尽管布雷顿森林体系的运作远远好于 20 世纪 30 年代的灾难，但它只是 20 世纪 20 年代金汇兑本位制的又一次通货膨胀性重现，与 20 年代的金汇兑本位制一样，新的金汇兑本位制也是过眼云烟。

新制度本质上仍是 20 世纪 20 年代的金汇兑本位制，只是美元粗暴地取代了英镑成为关键货币。这时，1 美元价值 1/35 盎司黄金，美元成为唯一的关键货币。另一个与 20 世纪 20 年代的不同之处是，美国公众不再可以用美元兑换黄金；相反，30 年代的制度得以延续，外国政府及其中央银行可以拿美元兑换黄金。只有政府享有用美元兑换世界黄金货币的特权，而禁止任何私人兑换。在布雷顿森林体系下，美国以黄金为基础膨胀美元（以纸币和银行存款的形式），外国政府可以拿美元兑换黄金；而其他所有国家都持有美元作为基础准备金，并以美元为基础膨胀本国货币。而且，由于战后美国拥有大量黄金储备（约 250 亿美元），因此，应对膨胀了的用美元兑换黄金的需求还有很大空间。此外，该体系之所以可以运作一段时间，是因为世界上所有的货币都以二战前的平价回到新体系，其中大多数国家的货币因膨胀和贬值而被严重高估。例如，膨胀的英镑回到了 1 英镑兑 4.86 美元的水平，尽管就市场购买力而言，它的价值远低于此。1945 年，由于美元被人为低估，大多数其他货币被高估，美元变得稀缺，世界遭受了所谓的美元短缺，美国纳税人被认为有义务通过对外援助来弥补。简言之，低估美元所导致的出口盈余，将在一定程度上由倒霉的美国纳税人以对外援助的形式来弥补。

在报应来到之前，通货膨胀还有很大的空间，美国政府开始了其战后持续的通货膨胀政策，这一政策自那以来一直在积极推行。到 20 世纪 50 年代初，美国持续的通货膨胀政策开始扭转国际贸易的形势。因为当美国膨胀和扩张货币及信贷时，欧洲主要国家（其中许多受到奥地利货币顾问的影响）奉行相对"硬通货"政策（例如德国、瑞士、法国、意大利）。通货急剧膨胀的英国，因美元外流而被迫将英镑贬值至更现实的水平（有一段时间大约为 1 英镑兑 2.4 美元）。所有这些，加上欧洲和后来日本生产力的提高，导致美国的国际收支持续逆差。随着 50 年代和 60 年代的持续，无论是从绝对水平看还是从相对水平看，相对于日本和西欧而言，美国都变得越来越坚持通货膨胀主义。但对通货膨胀的古典金本位制的限制，特别是对美国通货膨胀的古典金本位制的限制，已经不复存在。因为布雷顿森林体系的游戏规则规定：西欧国家必须不断增加其准备金，并以这些美元为基础来膨胀本国的货币和信贷。

但随着 50 年代和 60 年代的持续，西欧的硬通货国家（和日本），开始对被迫囤积美元感到不安，这些美元现在越来越被高估，而不是被低估。随着美元的购买力下降，其真实价值也在下降，外国政府越来越不喜欢美元，但它们被锁定在一个越来越像噩梦的系统中。法国和戴高乐的重要货币顾问、古典金本位制经济学家雅克·吕夫（Jacques Rueff）带头提出反对意见，但美国对欧洲的抱怨的反应只是轻蔑和粗暴地不予理会。美国政客和经济学家只是简单地宣称，欧洲被迫使用美元作为其货币，对日益严重的问题无能为力，于是美国在对自身行为的国际货币后果采取"善意忽视"政策的同时，可以继续愉快地让通货膨胀。

不过，欧洲确实有以每盎司黄金 35 美元的价格，把美元兑换成黄金的合法选择权。随着美元相对于硬通货和黄金越来越被高估，欧洲各国政府开始越来越多地行使这一权利。金本位制的限制开始起作用，因此，在 20 世纪 50 年代初之后的 20 年里，黄金一直稳定地流出美国，直到美国的黄金库存在这段时间内从 200 多亿美元减少到 90 亿美元。

随着美元因黄金储备不断减少而不断膨胀，美国怎么能继续允许国外的美元兑换成黄金，而这是布雷顿森林体系的基石？这些问题并没有减缓美国持续地膨胀其美元货币和价格水平，也没有减弱美国的"善意忽视"政策，这导致到60年代末，欧洲加速积累了不低于800亿的"多余美元"（被称为欧洲美元，Eurodollars）。为了阻止欧洲将美元兑换成黄金，美国向欧洲政府施加了强大的政治压力，类似于英国哄骗法国在1931年之前不要兑换其庞大的英镑余额，但是美国的力度远超英国。然而，经济法则终究有办法赶上政府，这就是到60年代末对通货膨胀乐此不疲的美国政府所发生的情况。1968年，被美国政治和经济机构誉为永久和坚不可摧的金汇兑本位制开始迅速崩溃。

第六阶段

1968—1971年，布雷顿森林体系解体

随着美元在国外堆积，以及黄金持续外流，美国发现

在伦敦和苏黎世的黄金自由市场上，要将黄金价格维持在每盎司 35 美元的水平上越来越困难。35 美元兑换 1 盎司黄金，是布雷顿森林体系的基石，尽管自 1934 年以来美国公众被禁止在世界任何地方拥有黄金，但其他国家公众享有拥有金块和金币的自由。因此，欧洲人把美元兑换成黄金的一种方式是，在黄金自由市场上以每盎司黄金 35 美元的价格卖出美元换回黄金。随着美元不断膨胀和贬值，以及美国国际收支逆差的持续，欧洲人和其他国家公众开始加速将美元兑换成黄金。为了使美元保持在每盎司黄金 35 美元的水平上，美国政府被迫从不断减少的黄金库存中继续流出黄金，以支撑伦敦和苏黎世的 35 美元价格。

黄金自由市场对美元的信心危机，导致美国在 1968 年 3 月对货币体系进行了根本性变革，这个想法是为了让老惹麻烦的黄金自由市场不再危及《布雷顿森林协议》，因此诞生了"双重黄金市场"（two-tier gold market）。其理念是，黄金自由市场可能走向毁灭，它应该与世界各国央行和政府的真实货币行为严格隔离。美国将不再试图将自由市场金价维持在每盎司 35 美元的水平上，而是忽视黄金自由市场，而且美国和其他所有国家都同意将美元价值永远保持在每盎司黄金 35 美元的水平上。从此，世界各国政府和中央银行将不再从"外部"市场购买黄金，也不再向该市场出售黄金；从那时起，黄金只会作为筹码从一家央行转到另一家央行，新的黄金供应、黄金自由市场或私人对黄金的需求将与世界货币协议完全脱离。

与此同时，美国大力推行一种新的世界纸币储备——特别提款权（special drawing rights，SDR），希望它最终能完全取代黄金，成为未来世界储备银行（World Reserve Bank，WRB）发行的新世界纸币；如果真能建立这样一个体系，那么美国就可以与其他世界政府合作，永远不受限制地让通货膨胀（唯一的限制就是全球范围内失控的通货膨胀和世界纸币的崩溃）。但是，特别提款权同样遭到了西欧和硬通货国家的激烈反对，只是对美元和其他货币储备的一小部分补充。

从凯恩斯主义者到弗里德曼主义者，所有赞成纸币的经济学家，至此都相信黄金将从国际货币体系中消失；这些经济学家都满怀信心地预测，如果没有美元的支撑，自由市场金价很快就会跌破每盎司 35 美元，甚至跌至每盎司

10 美元的工业非货币金价。然而，黄金的自由市场价格从
未低于每盎司 35 美元，一直稳定地高于每盎司 35 美元，到
1973 年初已攀升至每盎司 125 美元左右，任何赞成纸币的
经济学家在一年前都想不到的一个数字。

　　双重黄金市场非但没有建立起永久的新货币体系，反而
只维持了几年的时间；美国的通货膨胀和贸易逆差仍在继续。
欧洲美元迅速积累，黄金继续流出美国，而高企的黄金自由
市场价格越发表明世界对美元的信心加速丧失。双重黄金市
场迅速走向崩溃，最终导致布雷顿森林体系解体。[①]

第七阶段

　　1971 年 8—12 月，布雷顿森林体系的终结——
波动的法定货币

　　1971 年 8 月 15 日，就在尼克松总统强制实行价格和工

---

　　① 关于双重黄金市场，参见 Jacques Rueff，*The Monetary Sin of the
West*（New York：Macmillan，1972）。

资冻结，徒劳地尝试遏制不断加剧的通货膨胀的同时，也使战后的布雷顿森林体系崩溃。当欧洲各国央行最终威胁要将它们大量的美元库存兑换成黄金时，尼克松总统彻底脱离了金本位制。在美国历史上，美元首次成为完全的法定货币，根本没有任何黄金作为后盾。甚至自 1933 年以来与黄金保持的微弱联系现在也被切断了。世界陷入了 30 年代的法定货币体系，更糟的是现在连美元都不再与黄金挂钩。货币集团、竞相贬值、经济战、国际贸易和投资的崩溃，这些可怕的幽灵逼近，随之而来的是全球经济萧条。

怎么办？为了恢复国际货币秩序，虽然这一货币秩序缺乏与黄金的联系，美国带领世界于 1971 年 12 月 18 日签署了《史密森协定》。

第八阶段

1971 年 12 月—1973 年 2 月，《史密森协定》

被尼克松总统誉为"世界历史上最伟大的货币协定"的

《史密森协定》，比 20 世纪 20 年代的金汇兑本位制或布雷顿森林体系更不稳定、更不健全。世界各国再次承诺保持固定汇率，但这一次没有黄金或世界货币提供任何货币支持。此外，许多欧洲货币相对于美元固定在被低估的平价水平上；美国唯一的让步是将官方美元汇率小幅贬值至每盎司黄金 38 美元。尽管贬值幅度很小，宣布贬值也很晚，但这种贬值严重违反了美国无休止的官方声明，这些声明承诺将永远保持每盎司黄金与 35 美元的兑换率。至此，35 美元的价格终于被含蓄地承认不是一成不变的。

尽管有更大幅度的商定波动区间，但是由于缺乏一种世界交换媒介，固定汇率不可避免地注定会迅速崩溃，特别是因为美国货币和价格的膨胀、美元的贬值以及美国国际收支逆差继续不受控制，固定汇率也会很快瓦解。

欧洲美元的供应量上涨，加上持续的通货膨胀和黄金支持作用的消失，推动自由市场金价攀升至每盎司 215 美元。随着美元的高估以及欧洲和日本硬通货的低估越来越明显，美元终于在 1973 年 2—3 月间在世界市场上崩盘，引起了恐慌。德国、瑞士、法国和其他硬通货国家不可能继续购买美元，以维持美元的高估汇率。在一年多一点的时间里，《史密森协定》规定的固定汇率制度没有黄金做背书，在现实经济面前崩溃了。

第九阶段

1973 年 3 月至今，波动的法定货币

随着美元分崩离析，世界再次转向波动的法定货币体系。在西欧集团内部，汇率相互挂钩，美国再次将官方美元汇率象征性地贬值至每盎司黄金兑 42 美元。随着美元汇率逐日暴跌，德国马克、瑞士法郎和日元大幅上涨，美国当局在弗里德曼主义者的支持下，开始认为这就是货币体系的理想状态。的确，在汇率波动的情况下，美元过剩和突然的国际收支危机不会困扰世界。此外，美国的出口企业开始得意，美元汇率的下降使美国商品在国外更便宜，从而使出口受益。诚然，各国政府坚持干预汇率波动（实行"有管理的浮动汇率"而非"自由浮动汇率"），但总体

而言，国际货币秩序似乎已经崩溃，进入弗里德曼式的乌托邦。

但事情很快就明朗了，当时的国际货币体系远非一帆风顺。长期的问题是，硬通货国家不会为了其美国竞争对手的利益而坐视本国货币变得更加昂贵，出口受到损害。如果美国通货膨胀和美元贬值继续下去，它们很快就会转向 20 世纪 30 年代的竞相贬值、外汇管制、货币集团和经济战。但更直接的是硬币的另一面，美元贬值意味着：在美国进口商品变得昂贵，美国游客在国外的购买力下降，美国的廉价出口商品被外国迅速抢购一空，导致美国国内出口商品价格上涨（如美国小麦和肉类价格上涨）。因此，美国的出口商可能确实会受益，但代价却是美国消费者通胀缠身。1973 年 7 月，随着美元在外汇市场上的迅速暴跌，汇率快速波动带来的严重不确定性使美国人清醒地认识到了这一点。

自 1971 年 8 月美国彻底将美元与黄金脱钩，并于 1973 年 3 月建立起弗里德曼主义波动法定货币体系以来，美国和世界都经历了世界历史上和平时期最严重、持续时间最长的一轮通货膨胀。现在应该很清楚，这绝非巧合。在美元与黄金脱钩之前，凯恩斯主义者和弗里德曼主义者都以自己的方式致力于法定纸币。他们自信地预测，当法定货币得以建立时，黄金的市场价格将迅速降至非货币水平，当时估计约为每盎司 8 美元。在对黄金的蔑视中，两个团体都坚持认为是强大的美元支撑了黄金价格，而不是相反。但是，自 1971 年以来，黄金的市场价格从未低于每盎司 35 美元的旧固定价格，而且几乎一直都非常高。在 20 世纪 50 年代和 60 年代，雅克·吕夫等经济学家呼吁以每盎司黄金 70 美元的价格确定金本位制，当时这个价格被认为高得离谱，如今这一价格却是低得离谱。金价大幅上涨表明，美元出现了灾难性的贬值，因为"现代"经济学家为所欲为，所有黄金支持都被取消。

现在非常清楚的是，从 1973 年开始的浮动法定货币时代引发了美国和世界前所未有的通货膨胀，人们厌倦了通货膨胀，也厌倦了货币汇率的极端波动和不可预测性。这种波动是国家法定货币体系的结果，它割裂了世界上的货币，也在自由市场价格体系的自然不确定性上增加了人为的政治不稳定性。弗里德曼主义波动法定货币体系的梦想破灭了，人们渴望回归保持固定汇率的国际货币体系，这是可以理解的。

不幸的是，古典金本位制被遗忘了，大多数美国和世界领导人的最终目标是凯恩斯主义的旧愿景——世界统一的法定纸币本位，即一种由世界储备银行发行的新货币单位。新货币是否被称为"班柯"（bancor）（由凯恩斯提议）、"尤尼塔"（unita）［由第二次世界大战期间美国财政部官员哈利·德克斯特·怀特（Harry Dexter White）提出］或"菲尼克斯"（phoenix）（由《经济学人》建议）并不重要。关键的一点是，这样一种国际纸币虽然摆脱了国际收支危机，因为世界储备银行可以发行任意数量的"班柯"，并将其提供给选定的国家，但将为无限的全球通货膨胀提供一个开放的渠道，不受国际收支危机或汇率下跌的约束。然后，世界储备银行将成为世界上货币供应及各国分配的全能决定因素。世界储备银行可以而且会使世界受制于它认为得到明智控制的通货膨胀。不幸的是，届时就不会有任何东西能阻碍全球通货膨胀失控带来的难以想象的灾难性经济浩劫，也就是说，除了世界储备银行令人怀疑的微调世界经济的能力之外，什么都没有。

虽然一个世界统一的纸币单位和中央银行仍然是世界凯恩斯主义领导人的最终目标，但更现实、更接近的目标是回到布雷顿森林体系，只是这次没有任何黄金支持。世界上主要的中央银行在试图协调货币和经济政策，调节通货膨胀率，并固定汇率。激进的欧洲中央银行发行欧洲纸币的努力似乎即将成功。这一目标以一种谬论兜售给了轻信的公众，即实行自由贸易的欧洲经济共同体（European Economic Community，EEC，欧盟的前身）必然需要一个全面的欧洲官僚机构、整个 EEC 的税收统一，尤其需要一个欧洲中央银行和一套纸币单位。一旦实现这一目标，随之而来的将是很快实现与美联储和其他主要中央银行之间更密切的协调。如果那样，一个世界中央银行还会远吗？然而，如果没有达到这一最终目标，我们可能很快就会陷入另一个布雷顿森林体系，伴随着国际收支和格雷欣法则的所有危机都是在法定货币的世界中由固定汇率引起的。

当我们面对未来时，美元和国际货币体系的前景确实严峻。除非我们以现实的金价回归古典金本位制，否则国际货币体系注定会在固定汇率和浮动汇率之间来回转换，每种体系都存在未解决的问题，然后运转不良，最终解体。美元供应的持续膨胀，以及美国价格的持续上涨，将加剧这种解体，而美国的价格没有下降的迹象。未来的前景是国内通货膨胀加速并最终失控，同时伴随着货币崩溃和跨国经济战。要改变这一前景，只有通过彻底改变美国和世界货币体系才能实现，回归自由市场商品货币如黄金，并使政府完全从货币领域中撤出。

术语表

A

American revolution 美国独立战争

B

Bancor 班柯（凯恩斯建议的国际货币单位）

Bank of England 英格兰银行

Banks and banking 银行和银行体制

　　central 中央银行

　　free 自由银行体制

　　holidays（星期日以外的）银行假日

notes 银行券

percent rescrve 银行准备金率

runs on 银行挤兑

wildcat 野猫银行

world central 世界中央银行

see also money warehouse 又见货币仓库

Barter 以物易物

Bimetallism 金银复本位制

Brassage 铸币费

Bretton Woods 布雷顿森林体系

Business cycle 经济周期

C

Calculation 计算

Cash balances 现金余额

Civil war 美国南北战争

Coinage 铸币

and fraud 铸币和欺诈

depreciation 美元贬值

origin of 美元的起源

shortage 美元短缺

E

Eurodollars 欧洲美元

European Economic Community (EEC) 欧洲经济共同体

Exchange 交换

direct 直接交换，see barter 详见以物易物

foreign 外汇

function of 交换的功能

indirect 间接交换

medium of 交换媒介，see money rates 详见货币利率

ratios 交换比率

values in 交换价值

voluntary 自愿交换

F

Federal Deposit Insurance Corporation（FDIC）美国联邦存

H

Hoarding 囤积

I

Inflation 通货膨胀

    effects of 通货膨胀的影响

    hyper-inflation 恶性通货膨胀

    as taxation 通货膨胀税

    investment 投资膨胀

J

Jacksonian "Hard Money" movement 杰克逊"强势货币"运动

K

Keynesians 凯恩斯主义者

L

Legal tender laws 法定货币法

Livre tournois 图尔城铸造的里弗尔

M

Monetary breakdown 货币体系的崩溃

Monetary policy 货币政策

Monetary stabilization 货币稳定

Money 货币

    and government 货币和政府

    as commodity 货币作为商品

    as medium of exchange 货币作为交换媒介

    as unit of account 货币作为记账单位

    as unit of weight 货币作为重量单位

    as warehouse receipt 货币作为仓单

    coexisting 多种货币共存

    demand for 货币需求

    fiat 法定货币

    gold as 黄金作为货币

    hard 硬通货，强势货币

origin of 货币的起源

price of 货币的价格

shape of 货币的形状

silver as 白银作为货币

substitutes for 货币替代品

supply of 货币供给

velocity of 货币流通速度

warehouses 货币仓库

Money rates 货币利率

P

Parallel standard 平行本位制

Phoenix 菲尼克斯

Pound sterling 英镑

Price 价格

control of 价格控制

level 价格水平

Purchasing power 购买力

R

Reserve ratio 准备金率

Revenue of government 政府收入

Rubinson economics 鲁滨逊经济学

S

Savings 储蓄

Second Bank of the United States 美国第二银行

Seigniorage 铸币税

Smithsonian Agreement《史密森协定》

Special Drawing Rights（SDR）特别提款权

Specialization 专业化

Structure of production 产业结构

T

Taxation 税收

Trade 贸易

international 国际贸易

volume of 贸易量

Two-tier gold market 双重黄金市场

U

Unita 尤尼塔

W

War of 1812 1812 年战争

World Reserve Bank（WRB）世界储备银行

World War Ⅰ 第一次世界大战

World War Ⅱ 第二次世界大战

What Has Government Done to Our Money?

By Murray Rothbard

Originally published by Ludwig von Mises Institute

Simplified Chinese version © 2024 by Renmin University Press

图书在版编目（CIP）数据

通胀真相 / （美）穆瑞·罗斯巴德著；余晖，杨琳
译 . -- 北京：中国人民大学出版社，2024.1
书名原文：What Has Government Done to Our Money?
ISBN 978-7-300-32174-5

Ⅰ. ①通… Ⅱ. ①穆… ②余… ③杨… Ⅲ. ①通货膨
胀-通俗读物 Ⅳ. ①F820.5-49

中国国家版本馆 CIP 数据核字(2023)第 194143 号

通胀真相

［美］穆瑞·罗斯巴德　著

余晖　杨琳　译

Tongzhang Zhenxiang

出版发行	中国人民大学出版社	
社　　址	北京中关村大街 31 号	**邮政编码**　100080
电　　话	010-62511242（总编室）	010-62511770（质管部）
	010-82501766（邮购部）	010-62514148（门市部）
	010-62515195（发行公司）	010-62515275（盗版举报）
网　　址	http://www.crup.com.cn	
经　　销	新华书店	
印　　刷	北京联兴盛业印刷股份有限公司	
开　　本	890 mm×1240 mm　1/32	**版　　次**　2024 年 1 月第 1 版
印　　张	4.875 插页 2	**印　　次**　2024 年 1 月第 1 次印刷
字　　数	63 000	**定　　价**　69.00 元

奥派投资

穿越通胀与通缩

拉希姆·塔吉扎德甘、罗纳德·圣弗尔、马克·瓦莱克、海因茨·布莱斯尼克　著

朱海就、屠禹潇、童娟　译

第一本将奥派理论与投资实践紧密结合的书
理解周期、货币和债务的底层逻辑

　　本书是第一本将奥地利学派经济学与投资实践紧密结合的书。书中深入浅出地介绍了奥地利学派经济学的基本理论，并提炼出这一理论在投资实践中的运用方法。奥地利学派经济学有一些鲜明特点：第一，对货币、经济周期和人的行为有深入的研究；第二，立足长远，立足价值；第三，特别注重区分虚幻的经济繁荣与真实的经济增长。因此，奥派学者往往能够准确预测重大经济危机。这些理论上的优势对于投资者来说特别重要。书中对稳健的资产配置给出了具体建议，作者非常详细地告诉投资者在不同的外部环境下如何选择资产以及不同资产的特征等，详细介绍了每一种投资工具的特征、投资原则与适用场合。

　　中外许多知名学者和投资者都对本书给予了高度评价。对于希望实现财富保值增值，在稳健中追求财富自由的读者，本书具有很好的启发作用；对于希望了解与学习奥地利学派经济学的读者，本书是很好的入门读物。

钱的千年兴衰史

稀释和保卫财富之战

金菁 著

读钱的历史，在不确定的世界做出恰当的财富决策

高坚 国家开发银行原副行长 重磅推荐
戎志平 中国金融期货交易所原总经理

荣获"2020中国好书"，入选光明书榜、中国行为出版广电报优秀畅销书榜、百道好书榜、长安街读书会干部学习书单。

本书是一部关于钱的简史，从"用什么衡量财富"和"什么才有资格被称为钱"谈起，呈现了利息、杠杆、银行、纸币、债券等我们今天习以为常的金融要素产生的来龙去脉，其间充满了压力、创新、无奈甚至血腥的斗争。本书不仅让我们更了解钱，也通过阅读千年以来财富的稀释和保卫之战，启发读者思考在如今这个充满不确定性的世界，如何做出恰当的财富决策，实现财富的保值增值。